LA
CONSPIRATION
DE SALCÈDE

PAR

ERNEST BILLAUDEL

PARIS

AUGUSTE GHIO, LIBRAIRE-ÉDITEUR

41, QUAI DES GRANDS-AUGUSTINS

—

1875

Tous droits réservés.

LA

CONSPIRATION

DE SALCÈDE

1814. — IMPRIMÉ PAR CHARLES NOBLET, RUE SOUFFLOT 18.

LA
CONSPIRATION
DE SALCÈDE

PAR

ERNEST BILLAUDEL

PARIS

AUGUSTE GHIO, LIBRAIRE-ÉDITEUR

41, QUAI DES GRANDS-AUGUSTINS

—

1875

LA CONSPIRATION

DE

SALCÈDE

—————

INTÉRIEURS FLAMANDS.

Les événements que nous avons racontés * étaient accomplis depuis quatre années. Charles IX était descendu dans la tombe, tué, dit-on, par les remords.

Henri III régnait.

En Flandres, on respirait un peu; le farouche duc d'Albe avait lassé jusqu'à la patience de son maître et s'éteignait en Espagne, implorant Dieu pour ses crimes. On l'avait remplacé par Luis de Requesens, homme d'un caractère conciliant et d'une politique moins terrible.

On venait de renverser à Anvers la colossale statue de

---

* Les *Noces vermeilles*, première partie des *Drames de la place de Grève*, 1 vol. chez A. Ghio.

bronze fondue avec les canons pris aux réformés. Le
duc d'Albe y était représenté foulant aux pieds la noblesse et le peuple flamands, afin d'éterniser ainsi sa
vengeance et la haine qu'il portait à ses victimes.

Mais, en tout temps, les partis, lorsqu'ils ont senti
leur force et affirmé leurs convictions, sont impuissants
à désarmer. Les Espagnols avaient été trop loin pour
qu'on leur permît de revenir en arrière, au point de
départ, et toutes leurs concessions aux Flamands ne
servaient, auprès de ceux-ci, qu'à affirmer à la fois la
faiblesse de leurs ennemis et leur propre puissance.

A cette époque de novembre 1577, don Luis de Requesens mourait à la peine.

Grande était l'émotion dans les provinces à demi cal-
mées, mais toujours en armes et frémissantes. On ignorait le nom du successeur, désigné par Philippe II, au
gouvernement des Flandres.

C'était, en effet, un événement d'une importance
énorme. Si le nouvel envoyé de l'Espagne devait continuer la politique de prudence et de temporisation de
Requesens, les Etats, encouragés dans leurs tentatives
d'indépendance et dans leurs exigences toujours crois-
santes, continueraient jusqu'au jour où les alliances
étrangères, acquises par le prince d'Orange, l'arme-
ment des municipalités, la résolution des chefs et des
nobles, la réunion sur le terrain du patriotisme des catholiques et des réformés flamands, permettraient de déclarer catégoriquement à l'Espagne qu'on lui refusait
l'obéissance.

Si, au contraire, l'Escurial envoyait en Flandres un

de ses vieux et terribles généraux, sombres comme l'inquisition dont ils étaient le bras, si, las de concessions
inutiles, Philippe II recommençait tout à coup la lutte,
la lutte à outrance, il fallait se tenir prêt et fourbir les
armures et aiguiser les épées.

Dans les polders, la nuit, on radoubait les navires
pour les Gueux de mer; la nuit encore, les enclumes
retentissaient, les forges ne s'éteignaient point.

On se demandait en vain le nom de l'homme, et chacun ajoutait, comme si le palladium de ce malheureux
pays eût été attaché à ce prince :]

—Où donc est Orange? Que dit Guillaume? Comment
nous tirera-t-il de là ?

Et c'était vrai; le remuant prince d'Orange, l'indomptable adversaire des Espagnols, s'agitait sans cesse en
leur faveur. Tantôt il intriguait auprès de l'empereur
pour en obtenir un prince, un archiduc, et, disputer
avec cet appui, la proie des Flandres à Philippe II.
Tantôt il implorait la protestante Angleterre, et la reine
Elisabeth, ne pouvant mieux faire, menaçait au moins
l'Espagne de faire cause commune avec les provinces
des pays d'Embas.

Malheureusement, à cette lutte avec l'étranger, il
fallait joindre les dissensions intestines que les diffé-
rences de religion faisaient naître entre gens de mêmes
croyances politiques.

Le prince d'Orange avait, l'un après l'autre, par la
trahison ou dans les batailles, perdu ses premiers, ses
meilleurs capitaines. Souvent battu, jamais dompté, il
était souvent obligé de se cacher à la fois des siens et

de l'ennemi. Sa tête, mise à prix par l'Espagne, était proscrite dans la moitié des Etats flamands, où sa qualité de chef des Gueux protestants, destructeurs de temples, briseurs d'images, incendiaires de couvents, le faisait haïr des catholiques fanatisés ou tremblants.

Donc, on ne savait où était Orange en ce péril pressant; mais, visible ou absent, chacun le sentait là. Devant l'Espagnol armé, ses ennemis même comptaient sur lui. Chacun était prêt à lui obéir aveuglément, tant sa constance et ses ressources d'esprit étaient connues de tout ce peuple.

Neuf heures venaient de sonner au beffroi de la cathédrale de Leyde, et le carillon égrenait encore ses notes joyeuses dans les rafales du vent qui soufflait en tempête de la mer du Nord.

Nous sommes au logis du docteur Van Beeren, l'illustre savant. Dame Bernette, active et toute vêtue de noir, en personne qui connaît son importance et prétend imposer le respect, vient de mettre le couvert devant la grande cheminée à manteau sculpté.

— Quel temps, mademoiselle Urgèle, gronda la bonne femme, comprenez-vous que votre père soit encore, à pareille heure de cette nuit déchaînée, dans les rues de Leyde? Encore, est-il bien dans la rue, cet homme incompréhensible? N'est-il pas plutôt, ajouta-t-elle en baissant la voix et en jetant un regard autour d'elle, comme si quelqu'un fût à portée de l'entendre, n'est-il pas dans quelqu'une de ces caves, où les compères tels que le gantier, et Van Velde et d'autres encore, plus fous et plus enragés que ceux-là, se réunissent pour parler politique? Jusqu'aux nobles, aux princes qui s'en mêlent, dit-on.

— Et qu'y pouvons-nous faire ? répondit avec un sourire une grande jeune fille de vingt ans, bien changée depuis les événements au travers desquels nous l'avons suivie, mais toujours merveilleusement belle, malgré sa pâleur. Ses magnifiques cheveux, d'un blond cendré, encadrent son profil délicat dont les lignes se sont accusées. La coupe du visage indique la volonté; le caractère du savant docteur semble revivre en elle.

— Vous savez bien, mignonne, que vous faites de votre père tout ce qu'il vous plaît.

— Moi!! grand Dieu, mais comment pouvez-vous, dame Bernette, dire sans rougir une chose pareille!! lorsque vous savez que mon père se refuse à mon mariage avec René, malgré nos supplications.

— Se refuse!! Un instant, il veut attendre que la paix soit faite, et, en aimant de tout son cœur cet aimable et mélancolique jeune homme, qui vous a rendu là-bas de si grands services, le docteur se souvient que M. de Salcède est Espagnol et désire que notre réconciliation avec les Espagnols soit une chose accomplie.

— C'est-à-dire que mon père attend l'expulsion des gens de Philippe II ; mais tu sais, aussi bien que moi, que ce jour-là n'est pas proche encore. Mon pauvre René se désole, et moi, le voyant si sombre et si désespéré, quelquefois je perds courage.

— Et vous maudissez le bonhomme, n'est-il pas vrai?

— Je ne vais pas jusqu'à le maudire, c'est mon père

Bernette, et il m'aime, mais pourquoi veut-il me faire la victime de ses passions politiques? voilà, certainement, ce que ma raison se refuse à comprendre.

— Et puis, il est vrai d'ajouter que votre fiancé, toujours tout de noir habillé depuis la mort de son père, n'est pas fait pour vous donner des idées gaies. A votre place, j'aimerais mieux écouter le gantier qui, au moins, est un bon Flamand, rit souvent et...

— Et t'entretient de ses peines, curieuse!!

— Tiens, vous savez cela, vous?

— Oui, certes, et je sais aussi que tu l'engages à ne point perdre courage, ce dont je te blâme, dame Bernette, car mon cœur n'est pas de ceux qui se donnent deux fois.

— Eh bien, je ne dissimulerai pas davantage, mademoiselle Urgèle. Votre René, que toute la ville, depuis que son père a laissé ses os à Paris, dans cette fameuse journée de la Saint-Barthélemy, choie, accueille et admire, que Van Velde, un fameux maître en escrime, affirme être la plus brillante lame de l'Europe, que votre père, son professeur, déclare le plus savant de ses élèves, votre René, ma fille, finira mal.

— Il veut venger son père, dit la jeune fille avec un accent profond; c'est pour cela que, moi aussi, qui ne suis ni habile en l'art de tuer, ni savante, je l'admire profondément.

— Venger son père!!! Contre qui? Contre le roi de France? Voilà un beau muguet, grommela la vieille, pour se mesurer contre le roi Henri III.

— René vengera son père sur ceux qui l'ont assassiné

dans cette nuit affreuse. Vous m'entendez, Bernette?

— Allons, une prophétie, à présent!! Allons, mon enfant, assez déraisonné comme cela, voici neuf heures et demie, le vent fait rage, mon dîner sera brûlé, votre père mérite son mauvais sort. Son aventure de France et le danger que vous avez couru me semblaient bien faits cependant pour lui ôter le goût des aventures, mais le voilà lancé de nouveau. Et pourtant, moi qui suis restée seule ici, douillettement, rien qu'aux récits que vous me faites de cette nuit de massacre, je sens un frisson me passer dans les veines. Pourvu que jamais de telles choses n'arrivent dans notre tranquille pays!!

En ce moment, on frappa vivement à la porte du logis.

— Ah! s'écria dame Bernette, le voilà enfin, ce n'est pas malheureux vraiment!! Nous laisser ainsi seules en ces temps de trouble!!

Dame Bernette s'échappa vers la porte d'entrée et Urgèle demeura dans la grande salle, assise dans sa haute chaise à dossier, les yeux rêveurs, les mains jointes sur ses genoux, pareille à la plus exquise de ces têtes que le vieil Holbein nous montre et qui semblent abriter un monde de pensées.

Dame Bernette avait ouvert et introduisait le nouveau venu, en le précédant et lui faisant mille reproches auxquels celui-ci semblait fort peu sensible.

— Vous mériteriez bien, monsieur, continua la gouvernante, que mademoiselle vous grondât d'importance. Au surplus, elle est libre de le faire. Entendez-vous la pluie qui frappe nos volets? on ne mettrait pas un miquelet dehors, par un temps semblable, vous devez être horriblement mouillé.

Sur cette réflexion, la vieille femme s'approcha pour enlever le vêtement, mais grande fut sa surprise lorsqu'elle se trouva en présence d'un personnage de haute taille, enveloppé dans un long manteau et qui sresemblait aussi peu à son maître qu'un aigle peut ressembler à un canard.

Elle fit un bond en arrière qui attira enfin l'attention de la jeune fille.

— Mademoiselle, fit dame Bernette tremblante, ce n'est pas monsieur, et...

L'étranger s'avança dans le cercle de la lampe et, enlevant son feutre, il salua la jeune fille avec un profond respect.

C'était un homme d'une trentaine d'années environ, de taille moyenne, aux cheveux ronds coupés très-court, un regard hardi, mais sans insolence. Il paraissait avoir fourni une longue course à travers les polders, à en juger par ses bottes de cuir fauve tachées d'une boue noirâtre et de son manteau ruisselant d'eau.

La jeune fille se leva et sembla attendre les explications de celui qui s'imposait ainsi.

— Le docteur Cornélius ? demanda l'inconnu d'une voix harmonieuse et posée qui n'annonçait aucune intention mauvaise.

— Nous attendons mon père, répondit Urgèle, il ne saurait tarder à cette heure.

— En ce cas, je l'attendrai en votre charmante compagnie, répondit l'étranger en jetant à la volée son man-

teau à dame Bernette et apparaissant vêtu d'une ja-
quette de drap violet de Frise, sans ornements et sans
broderies, avec deux lourds pistolets passés dans le
ceinturon de sa longue épée.

— Je ne sais jusqu'à quel point il est convenable....
interrompit soudain dame Bernette...

— Je le sais, moi, et cela suffit, bonne femme, répondit
avec un franc éclat de rire l'inconnu, qui s'assit sans plus
parler et présenta à la flamme ses grandes bottes qui ne
tardèrent point à fumer.

Un profond silence régna dans la pièce. Dame Bernette examinait le nouveau venu avec une curiosité
extraordinaire.

Urgèle était retombée dans ses rêveries.

Le marteau de bronze de la porte retentit de nouveau, cette fois d'un seul coup.

On put voir passer sur le visage d'Urgèle une rougeur
rapide, que l'étranger remarqua.

— Cette fois, voilà le docteur, dit la gouvernante.

Cependant dame Bernette se trompait encore, ce n'é-
tait point Van Beeren, c'était un magnifique jeune
homme de vingt-deux ans environ, qui portait un costume complet de velours noir, l'épée à poignée d'acier
au côté et la fraise habituelle à cette époque.

— Encore vous, monsieur René ! gronda dame Bernette ; en vérité, ne craignez-vous pas que M. le docteur ne finisse par nous gronder de vous recevoir en
son absence ?

— Ah ! cette fois, ma bonne Bernette, je comptais le
trouver ici et je lui apportais une nouvelle importante.

Je pense que je serai le bienvenu. Voulez-vous m'autoriser, ma chère Urgèle, à l'attendre ici?

A ce moment, les yeux de René tombèrent sur l'inconnu, qui, assis dans le grand fauteuil habituel à Van Beeren, semblait l'analyser d'un air moqueur.

René, surpris, interrogea du regard la jeune fille, qui ne répondit point, et pour cause.

— Est-ce qu'il y aurait du nouveau à Leyde, monsieur? demanda l'étranger avec un accent d'interrogation pressante, qui sentait son autorité d'une lieue.

Ce ton tranchant blessa René de Salcède, qui se tut. L'inconnu répéta sa question avec insistance, peut-être avec brusquerie.

— J'étais venu pour le docteur Van Beeren, monsieur, et je n'ai point à vous répondre.

L'étranger demeura un instant sans parler, contemplant cette fière figure que la flamme du foyer illuminait de reflets de pourpre.

— Vous êtes Espagnol? lui dit-il.

— Oui, monsieur, mais que vous importe?

— Cela se voit à votre morgue, jeune homme; nous n'avons point ces reparties farouches, nous autres Flamands.

Vous parais-je donc un méchant compagnon? Et ce *nouveau* que vous apportez ici est-ce donc un si grand secret?

— C'est encore un secret, monsieur, et je ne le confierai qu'à mon maître.

— S'agirait-il de l'arrivée du nouveau vice-roi? fit vivement l'inconnu.

— Si j'avais dû répondre, je l'eusse déjà fait, monsieur, répondit René avec une extrême hauteur.

— Répondez, monsieur, je le veux, il le faut, fit en
se levant l'étranger; puisque je vous trouve dans cette
maison et que tout me prouve que vous êtes aimé de
cette belle jeune fille, vous devez avoir les sentiments
d'un bon Flamand, quelle que soit d'ailleurs votre origine. Parlez vite et dites ce que vous savez.

L'étrange audace de ce personnage, qui entrait ainsi
brutalement dans leurs sentiments intimes, fâcha tout
à fait René de Salcède.

— Je n'ai rien à répondre, si ce n'est ceci: que vous êtes
bien curieux, monsieur!! et j'ajouterai : bien indiscret.

— Indiscret, soit. Ah! pourquoi ce vieux fou de Van
Beeren n'est-il pas là!! Nous ne perdrions pas un temps
précieux. Le vice roi doit être arrivé, on annonce que
c'est le vieux duc de Parme. Il faut prendre des mesures
immédiates. C'est encore un soldat celui-là, un massa-
creur!! Monsieur, je vous en conjure, dites-moi ce que
vous venez apprendre à mon compère le docteur Cornélius. J'ai fait, depuis hier, trente lieues à cheval pour
le connaître.

Il y avait une telle émotion sympathique dans la voix
de l'inconnu que René se sentit touché. Il comprit
qu'il y avait là quelque puissant intérêt patriotique.

— Nous n'avons pas de nouvelles d'Espagne, dit-il,
on ne sait qui vient ici, mais nous savons quelque chose
de plus sérieux.

— Les Anglais auraient-ils opéré leur débarquement
à Flessingue, comme ils le font depuis si longtemps

espérer ?. s'écria le gentilhomme les yeux étincelants.

— Mieux que cela, monsieur, le prince d'Orange, qui
se cachait depuis si longtemps, courant l'Allemagne et
recrutant des soldats, le prince d'Orange est parmi
nous !

— Ah !!! fit l'inconnu subitement refroidi, c'est là
toute votre nouvelle !!

— Mais n'en vaut-elle pas une autre?

— Non, mais je la connaissais.

— Il y a deux ou trois heures peut-être que le prince
a abordé vers Amsterdam, dans les bas polders. Comment avez-vous fait, monsieur, pour être si bien instruit?
s'écria le jeune homme surpris.

Mais déjà l'inconnu était retombé dans ses réflexions.
Il n'écoutait plus que ses pensées intérieures.

Les jeunes gens se rapprochèrent l'un de l'autre.

— Je crois que le docteur accueillera plus joyeusement ma nouvelle que ce personnage singulier, murmura René à l'oreille d'Urgèle. Ne le connaissez-vous
pas?

— Je ne l'ai jamais vu.

Comme le lecteur s'en est aperçu, en quatre années,
les sentiments de René de Salcède, sous l'influence de
son amour et de ses réflexions, s'étaient sensiblement
modifiés. Le jeune homme avait gardé sa religion
comme un héritage paternel, et une conviction puissante, en ce temps où il y en avait de si profondes. Mais
le fanatisme du terrible duc d'Albe et ses exécutions san-
glantes, mais cette nuit terrible, dans laquelle Charles IX

avait eu pour allié le roi Philippe II, il ne pouvait les oublier. Il ne songeait pas sans effroi que son père avait été chargé de porter les paroles d'alliance entre les princes; et que c'était peut-être sur l'assurance de cette bonne entente que les massacres avaient commencé.

Les scènes de la Saint-Barthélemy repassaient sans cesse devant ses yeux. Les échafauds et les gibets du duc d'Albe, spectacles ordinaires de sa jeunesse, lui avaient laissé une impression indélébile. Il avait grandi les pieds dans le sang. Or, la justice naturelle aux âmes loyales s'était réveillée et révoltée.

Il s'était demandé de quel droit on conduisait par charretées au bourreau, nobles, bourgeois, artisans, dont le seul crime était, tout en reconnaissant leur vassalité, de vouloir s'administrer suivant leurs vieilles lois coutumières, et dans leur liberté de conscience.

Il en était venu à ce compromis, qu'il faisait des vœux pour que les intrigues du prince d'Orange soulevassent en faveur de ces pays persécutés une telle levée de boucliers, que l'Espagne fût obligée de relâcher les liens qui garrottaient les Flandres et qu'on pût alors devenir un bon Flamand sans cesser d'être Espagnol.

C'était presque un titre aussi noble, à cette époque, d'être gentilhomme espagnol, qu'autrefois celui de citoyen romain.

Et puis, le jeune homme se posait souvent dans les profondeurs de sa pensée intime, alors que, suivant la parole de dame Bernette, il devenait si sombre et agitait les plus mystérieux projets, la question suivante :

— Le duc d'Anjou a fait assassiner mon père par

Salviani, un homme au roi d'Espagne. Jusqu'à quel point le roi d'Espagne n'est-il pas solidaire et complice de ce forfait.

Alors un nuage de sang lui montait aux yeux, une rancune terrible lui étreignait le cœur. Sa foi chancelait et quelquefois il cherchait la poignée de son épée, comme s'il eût été prêt à la tirer du fourreau pour secourir les malcontents des pays d'Embas, comme on disait alors, contre les mercenaires de Philippe II.

Mais, au fond de tout cela, l'influence amoureuse d'Urgèle avait, bien mieux que tout le reste, modifié peu à peu ses idées et son âme. Ne vivant qne pour elle et n'entendant là que des cris de douleur et le récit d'épouvantables souffrances, voyant couler les larmes de celle qu'il adorait, ne dépendant désormais que de lui-même, il en était tout doucement arrivé, bien qu'il s'en défendît encore, à aimer tout ce qu'elle aimait, à haïr ce qu'elle détestait.

Voilà pourquoi Van Beeren, qui savait dès lors à quel sauveur il avait eu affaire quatre années auparavant, s'était pris peu à peu, l'amitié succédant à la reconnaissance, d'une grande affection pour ce jeune homme, dont la haute intelligence et les dons brillants lui plaisaient.

Il ne désespérait pas d'en faire un champion de leur cause, et, comme on l'a vu, le vieux professeur attendait la pacification générale et la liberté conquise pour célébrer les noces et couronner, comme disait alors Ronsard, cette belle flamme.

Ces temps incertains, durant lesquels nul n'était sûr

de vivre le lendemain, où les partis couraient les routes brûlant, pillant, détruisant pour le plaisir de détruire, n'étaient pas faits pour les unions, il fallait attendre.

Et le professeur attendait, sourd aux prières, et retranché dans sa volonté comme dans un fort inexpugnable.

Aussi René, ne voyant désormais son bonheur que dans la fin de cette lutte affreuse, en pressait-il de tous ses vœux l'accomplissement. Il mettait une ardeur singulière à connaître tout ce qui pouvait rendre désormais impossible le conflit entre les rebelles et les Espagnols, et, messager de bonnes nouvelles, on le voyait accourir aussitôt à la maison bénie, comme il l'appelait, pour en faire part au vieux docteur.

Au surplus, il y venait à chaque instant du jour.

Van Beeren l'instruisait lui-même dans les hautes sciences auxquelles l'éminent professeur devait son illustration.

Cornélius avait compris, par sa propre aventure à l'endroit de sa fille et de René, combien la contrainte est mauvaise. Il les laissait donc à eux-mêmes, sûr de leur honneur à tous deux, et confiant dans la loyauté du jeune homme.

Une troisième fois le marteau frappa, et bientôt Van Beeren entra, d'humeur joyeuse et le visage souriant.

— Nous ne sommes pas seules à vous attendre, grommela dame Bernette, il y a là un gentilhomme qui a voulu demeurer jusqu'à votre retour.

— En ce cas, dame Bernette, répondit gaiement Cornélius, et par un temps pareil, l'hospitalité avant tout. Quel que soit l'hôte, place et couvert de plus.

Puis, apercevant la figure de René, qui venait au-devant de lui les mains tendues :

— Mettez-en deux, dame Bernette, l'enfant que voilà nous tiendra compagnie. Bonsoir, fillette; mais je n'aperçois point l'étranger que vous m'annoncez.

Celui-ci était en effet demeuré dans ses réflexions, n'entendant rien de ce qui se passait autour de lui. La voix de Cornélius le rappela à lui-même.

— Le voici, maître, dit-il en quittant son fauteuil, et se présentant sous la lueur de la lampe de cuivre qui pendait du plafond; je suppose que tu me reconnais.

Une stupéfaction profonde s'étendit sur les traits du vieux savant, remplacée presque aussitôt par une expression de joie et d'orgueil souverains.

— Monseigneur, s'écria-t-il, vous ici !! vous !! dans ma maison !! En vérité, un pareil honneur est au-dessus de toutes les récompenses que j'eusse pu ambitionner à votre service.

Ma fille, vous êtes devant Son Altesse le prince d'Orange, rendez-lui vos respects et marquez le jour où il franchit ainsi notre seuil, d'une croix blanche, de la croix blanche des jours heureux..... Hélas ! si rares à présent.

Le prince d'Orange s'avança vers la jeune fille et lui baisa la main avec une grâce parfaite.

— Oh ! monseigneur, s'écria la jeune fille rougissante, pardonnez-moi, pardonnez-nous, mais nous ne connaissions pas notre hôte.

— Comprenez-vous, jeune homme, dit avec un

bruyant éclat de rire qui sentait son homme de guerre, le prince d'Orange, pourquoi je savais avant vous l'arrivée de Guillaume dans les Flandres? Mais avant de causer avec mon vieux compagnon, mon vrai conseil, le plus sage, dans sa tête chenue, de tout notre jeune et vivant parti et le plus chaud aussi pour la cause, soupons, mes maîtres, si vous le voulez bien? J'ai fait à cheval une course énorme, le vent m'a creusé l'appétit, et je me souviens d'une chose, c'est que je ne suis qu'un homme, et un homme affamé. Au diable le prince. Dame Bernette, je crois que c'est ainsi qu'on vous appelle, cachez le nom de votre hôte. Vos pareilles sont bavardes, mais servez-nous au plus vite.

Et, s'asseyant sans plus de discours à la table carrée, forçant Cornélius, qui ne voulait laisser à personne l'honneur de le servir, à s'asseoir à sa droite, il commença à faire au souper qu'improvisaient à grands renforts de conserves dame Bernette et les servantes, une brèche qui prouvait que le soutien des réformés était homme de haut appétit, au moins autant que de ressources morales.

Les deux jeunes gens le regardaient avec la curiosité que méritait cet homme extraordinaire. Guillaume interrogea succinctement le vieux savant, sur l'esprit des villes et sur leurs ressources, sur les intentions des Etats dont Cornélius était l'un des orateurs les plus écoutés.

Puis le repas fini, il se leva vivement.

— Je n'ai pas le droit de connaître la fatigue, dit-il, j'ai à causer avec toi, maître.

Sur un signe de Cornélius, les jeunes gens sortirent de la salle.

— Les moments sont précieux, continua le prince. J'ai besoin de toi.

— Je suis aux ordres de Votre Altesse, jusqu'à la mort, qui sera proche sans doute, si j'en crois les avertissements que me donnent les premières infirmités.

— Je n'ai pas l'intention, mon vieil ami, de t'utiliser à la guerre, répondit avec un fin sourire le prince d'Orange. Il s'agit ici de choses de ton métier. Il faudra parler latin, parler grec au besoin et faire la cour à une belle dame.

— Moi, faire la cour à une belle dame ! s'écria gaiement Cornélius, Votre Altesse raille. Quelle aimable tournure de muguet, quelle jeune figure je lui offrirais.

— Je parle sérieusement, Cornélius. Un événement, dont les conséquences peuvent être considérables, m'a été annoncé ce matin. Ecoute-moi.

Tu sais dans quelles inquiétudes nous sommes de ce que pourrait être le vice-roi, successeur de Requesens. Je redoute le prince de Parme qui ne serait qu'un nouveau duc d'Albe, plus habile encore à la guerre. Nos milices, mal armées, mal équipées, plus mal commandées par des gens qui ne font pas leur état de celui des armes, ne tiendront pas contre les vieilles bandes espagnoles qui ont promené la victoire sur toute l'Europe. Je vois l'avenir en noir. Il me semble que nous allons retomber sous un joug plus dur que jamais et que c'en est fait des libertés flamandes.

— Monseigneur, pourquoi désespérer de nous-mêmes avant l'heure ?

— Aussi, je n'en désespère pas. Je ne verrai pas, j'y suis résolu, le triomphe de l'Espagne, je périrai à la peine. Hier cependant, à la nouvelle que je vais t'annoncer, j'ai senti l'espoir me revenir.

Il nous faut un prince, Cornélius. Un prince flamand ou du moins qui le devienne.

— Mais, monseigneur, ne l'avons-nous pas ce prince? aussi noble, aussi illustre que jamais peuple ait pu le souhaiter; assez Flamand pour vouloir mourir pour les Flandres.

— Ne déraisonne pas, vieux maître, fit en souriant le prince d'Orange, je ne suis, moi, qu'un instrument de la Providence. Plus tard, quand l'œuvre sera faite et consolidée, nous verrons.

En attendant il nous faut un allié, une armée, et il faut que le prince qui nous gouvernera nous apporte tout cela. Ce prince, il est tout trouvé. C'est le duc François d'Alençon.

— Ah!!! monseigneur!! Ces princes de la Saint-Barthélemy portent avec eux une odeur de sang et de crimes. Se fier à eux!! Je ne reconnais point la sagesse accoutumée de notre bien-aimé chef.

— Me fier à eux!! me fier au duc d'Alençon ! En vérité, ai-je parlé de chose semblable ? J'ai dit qu'il fallait s'en servir. S'y fier, mordieu, c'est autre chose !

— Mais alors...

— François nous apportera l'appui du roi de France, une armée de trente mille hommes, l'alliance d'Elisabeth d'Angleterre qui, dit-on, consent à l'épouser; mais vraiment il est tellement affreux, que je crains bien sur ce point que l'épousée ne recule, et qu'ici la répugnance ne dompte la politique. Nous sommes ruinés, le pays de France est riche. Il est proche, l'Espagne est loin de nous. Nous serions sauvés.

— Oui, dit Van Beeren, sauvés ou croqués.

— Bah!! croqués, l'Espagne vaut bien la France, Philippe II vaut mieux ou pis, c'est comme on l'entend, que cet étrange monarque qui s'habille en femme et se nomme Henri III. Nous recommencerons notre œuvre contre la France s'il le faut. A tout prendre, il est préférable de devenir Français que rester Espagnols.

— Mais comment entamer ces négociations? Au premier vent qui soufflera de ce côté, les espions de Philippe II l'instruiront de cette trame. Il précipitera la guerre, il fera les derniers efforts, il intimidera le roi de France, et celui-ci, pour ne pas interrompre ses processions, ses flagellations et ses voluptés contre nature, nous abandonnera. Je conviens qu'Henri III serait heureux de nous envoyer son frère pour s'en débarrasser, mais il nous l'enverra avec une fausse armée, un trésor vide et le désir de le voir périr à la peine.

— Peut-être, fit après un instant de réflexion le prince d'Orange. Nous avons à la cour de France un puissant allié de notre religion; un prince qui, par la suite de ses idées, par sa prudence, par son courage, relèvera le trône de France de la fange dans laquelle il le ramassera.

— Le roi de Navarre!!

— Oui, le roi de Navarre. J'ai reçu de ce prince cette petite lettre :

« Mon cher cousin, ma femme, sur mon conseil, va prendre les eaux de Spa, qui sont de votre pays. Je vous demande pour elle assistance et protection dans les Flandres. J'en fais autant, il est vrai, vis à vis des Espagnols, car nous sommes en de si malheureux temps, qu'on peut avoir besoin de tout le monde. Mais, ce que je ne dis qu'à vous, mon cousin, c'est que la reine Marguerite est de bon conseil et de haute autorité à la cour de France.

« C'est une fine politique qui n'a qu'un défaut, c'est de trop aimer des frères qui n'aiment personne. Le duc d'Alençon devrait bien apprendre un peu la guerre et la politique auprès de vous, au lieu de perdre le peu de sens et d'énergie que Dieu lui a départis dans une opposition absurde à la cour de France.

« Sur ce, je prie Dieu, mon habile et cher cousin, qu'il vous ait en sa sainte et digne garde.

« Henri. »

Pour qui connaît l'esprit fin et la prudence du roi de Navarre, continua le prince d'Orange, ceci veut dire que l'on nous offre une occasion de traiter de la couronne ducale des Flandres avec la reine Marguerite, et qu'on nous pousse à l'offrir à son frère le duc d'Alençon, dans le but de débarrasser le royaume de son ambition.

Peu nous importe le motif après tout !

Maintenant, quel personnage adresser à la reine Marguerite, qui ne soit point suspect à l'entourage espagnol qui va l'environner, la circonvenir, durant son séjour ici ?

J'ai pensé à vous, cher maître, qui êtes le plus versé dans l'art de bien dire et dans les sciences que cultive cette docte princesse.

La reine de Navarre est l'amie de tous les savants. Elle vous a écrit maintes lettres et vous n'êtes point un étranger pour elle. Député par nos universités, vous lui porterez nos hommages et nul ne pourra s'en étonner. Bien plus, parlant seul, comme elle-même, des langues mortes, inconnues des seigneurs castillans, vous pourrez l'entretenir à toute heure de nos projets.

— Où faut-il me rendre, monseigneur ?

— A Liége, mon cher maître. Ne rien épargner pour représenter avec gloire les Universités flamandes dont vous êtes la plus pure lumière.

— Merci, monseigneur, de votre confiance ; je partirai demain.

— Il faut en effet se hâter, la reine Marguerite est à Valenciennes, à ce qu'affirment les courriers. Je serai moi-même à Liége, sous un déguisement, afin de voir par mes yeux l'arrivée du successeur de Luis de Requesens, et les intrigues qu'on pourra mener contre nous, soit avec les catholiques flamands qui nous haïssent, soit avec l'étranger.

Le prince d'Orange se leva et, sans attendre que son hôte prît le flambeau pour l'accompagner, il sortit de la maison d'un pas rapide.

Cornélius se rassit dans son grand fauteuil de bois sculpté.

— Allons, murmura-t-il, encore un sacrifice, encore une fatigue pour le pauvre vieillard, mais lorsque la patrie a parlé, personne ne peut se refuser d'obéir sans trahison.

Je ne puis laisser mon enfant dans cette maison, pas plus qu'en 1572. La mer est proche, les incursions sont faciles, et tandis que Van Velde part ce soir pour Berg-op-Zoom, le gantier s'embarque demain pour Flessingue.

J'emmènerai donc Urgèle, et je me ferai accompagner de René. Au milieu des Espagnols, la présence de ce jeune homme ne peut que les rassurer.

— Holà, cria-t-il, dame Bernette, et vous, mes enfants, approchez.

Çà, leur dit-il, qu'on fasse les préparatifs du départ, nous allons tous à Liége pour assister aux fêtes qui vont y être offertes à la reine Marguerite de Navarre.

Vous, dame Bernette, votre affaire est de garder la maison.

— Vous feriez bien mieux, à votre âge, en vérité, s'écria dame Bernette furieuse, de vous tenir au logis, au lieu d'aller vous mêler aux bals et aux réjouissances, où vos vieilles jambes n'ont rien à faire.

Un pareil hiver, vous allez voyager !! C'est votre mort que vous allez chercher. Au surplus, je m'en lave les mains ; au moins, mademoiselle, qui est une vraie recluse et que vous rendez si malheureuse, verra quelques beaux réjouissements. Il faut espérer que cela ne tournera pas si mal qu'en France.

Et sur ce propos, tandis que René, heureux de ce voyage où l'on ne se quitterait point, se chargeait de trouver des mules, dame Bernette s'éloigna pour plier convenablement les belles robes de satin et de brocart, dont la fille de Van Beeren ne pouvait manquer de se parer dans les fêtes de Liége.

II

COMMENT ON VOYAGEAIT AU TEMPS DE MARGUERITE DE NAVARRE.

Cependant la reine de Navarre, sous prétexte d'un léger érésipèle au bras gauche, se dirigeait à petites journées vers les eaux de Spa qu'on lui avait recommandées.

Ce n'était pas une petite affaire qu'un voyage de plus de cent lieues tel que celui-là, dans des chemins transformés en ravines, à travers les bois et les ponts mal établis.

Il fallait, durant ce trajet, passer plus d'une fois les rivières à gué.

La poste n'ayant pas encore préparé ces relais, force était de voyager à petites journées et de ménager les chevaux.

Que fussent devenus les carrosses dans les fondrières, dans ces difficultés de toutes sortes? C'était là un luxe que l'on ne connaissait pas. Les princesses voyageaient en litière, portées par des hommes qui se relayaient de distance en distance. Il fallait une cinquantaine de porteurs pour une litière telle que celle de la reine Marguerite.

L'histoire nous a conservé le portrait détaillé de celle de la reine Marguerite.

« C'était une litière à colonnes, tout entourée de vitres, doublée de velours incarnat brodé d'or et ornée d'ingénieuses devises. Elle était suivie de celles de la princesse de la Roche-Guyon, de la comtesse d'Athiès et de madame de Tournon.

Puis venaient les filles d'honneur, montées sur des chevaux caparaçonnés, puis venaient les chariots, occupés par le reste de la suite de la reine de Navarre. Partout où elle passa pour se rendre en Flandre, Sa Majesté reçut grand accueil. A Cambrai, l'évêque, qui appartenait à la maison de Berlaimont, lui fit une belle réception. »

Dans les *Mémoires* de la reine de Navarre, on trouve le détail de ce voyage, et des railleries sans nombre distribuées avec l'esprit et la finesse ordinaires à la docte princesse, habituée à l'étiquette et aux belles façons raffinées des cours italiennes.

Elle est reçue partout avec une affabilité, mais aussi avec une simplicité sans exemple pour elle.

En effet, les Flandres tout entières s'étaient émues de l'arrivée de la belle reine.

L'enthousiasme avait saisi les populations à l'approche de la plus célèbre femme de ce siècle, célébrée par tous les poètes, vantée par tous les politiques.

Les hommes d'Etat, les gouverneurs espagnols ou

flamands des provinces venaient lui présenter leurs hommages. Elle les emmenait avec elle, subjugués par sa beauté, dominés par son esprit supérieur et par sa coquetterie souveraine. En quelques heures elle s'en faisait des alliés.

On a vu, par ce qui précède, que ce voyage était motivé, et que la politique y avait plus de part que la médecine.

Marguerite de Navarre marquait partout son passage. Ici c'était une dame noble dont elle conquérait l'influence sur son mari. Ailleurs, le mari lui-même qu'elle gagnait à la cause française.

A vrai dire, chacun sentait l'importance de cette alliée et les chemins lui étaient merveilleusement libres.

C'est ainsi qu'elle s'empara du gouverneur de Mons, par l'entremise de sa femme, à laquelle elle ne craignit pas de faire des ouvertures sur ses projets et sur le duc d'Alençon.

Nous n'hésitons pas à donner à nos lecteurs le passage des *Mémoires* de la reine Marguerite, où elle parle de son séjour à Mons. Rien ne peut donner mieux une idée du haut bon sens de la princesse qui domine souvent ses railleries et en même temps de la simplicité de nos aïeux, même lorsqu'ils avaient l'honneur de recevoir à leur table *la royne des roynes*. Elle parle de la comtesse de Lalaing, femme du gouverneur pour les Etas de Flandre de la ville de Mons.

« Cette honneste femme me contraignit de passer une semaine avec eux. Vivant avec telle privauté avec eux, elle demeura à mon coucher fort tard et y eust demeuré

davantage, mais elle faisait chose peu commune à personnes de telle qualité, ce qui toutefois témoigne une
nature accompagnée d'une grande bonté.

« Elle nourrissait son petit fils de son lait, de sorte
qu'étant le lendemain au festin assise tout auprès de
moi à table, qui est le lieu où ceux de ce pays-là se
communiquent avec le plus de franchise, n'ayant l'esprit bandé qu'à mon but (la candidature du duc d'Alençon au duché de Flandre), qui n'était que d'avancer le
dessein de mon frère, elle, parée et toute couverte de
pierreries et broderies, avec une robille à l'espagnole
de toile d'or noire, avec des bandes de broderie de cane-
tille d'or et d'argent et un pourpoint de toile d'argent
en broderie d'or avec de gros boutons de diamant,
habit approprié à l'office de nourrice, on lui apporta à
la table son petit fils, emmaillotté aussi richement
qu'était vestue la nourrice pour luy donner à téter.

« Elle le met entre nous deux sur la table et libre-
ment se déboutonne, baillant son tétin à son petit, ce
qui eût été tenu à incivilité à quelqu'autre, mais elle le
faisait avec tant de grâce et de naïfté, comme toutes
ses actions en étaient accompagnées, qu'elle en reçut
autant de louanges que la compagnie de plaisir. »

Ainsi, tout semblait s'unir pour aplanir la voie au
prince français. Guillaume d'Orange voyait ses projets
servis par ses ennemis flamands, les catholiques avec le
même zèle que ses amis de la religion mettaient à s'assurer un si puissant appui.

Cependant on ignorait encore le personnage qui devait recevoir la reine belle-sœur de Philippe II.

(Philippe II avait en effet épousé le cinquième enfant de Henri II de France, la princesse Élisabeth, à laquelle il apporta, sous prétexte qu'elle était amoureuse de son fils d'un premier lit, don Carlos, le poison qu'il la força de boire. La malheureuse était dans un état de grossesse avancée, elle accoucha deux heures après et mourut dans d'horribles souffrances, entre les mains de la duchesse, femme du terrible duc d'Albe, qui avait préparé ce royal poison.

On voit qu'à cette époque tout n'était pas roses et guirlandes dans la vie des princes.)

Le roi de France, pour aider les plans de sa sœur et de François, duc d'Alençon, avait tendu sur la route du futur vice-roi, quel qu'il fût, toutes sortes d'embûches si, comme c'était probable, il prenait la route de terre.

Les galères des Gueux croisaient sur toutes les côtes pour entraver ou arrêter son débarquement.

Cette arrivée et ce mystère étaient, durant toute cette route, le sujet des conversations de Marguerite de Navarre avec toute sa suite.

On agitait à cet égard un million d'hypothèses.

La route se faisait en octobre, par un temps merveilleux. Les jeunes seigneurs de la suite de la reine et les demoiselles d'honneur qui l'accompagnaient charmaient les ennuis de la route en volant ici quelque héron, avec les faucons que portaient derrière la litière royale les écuyers de la reine.

Plus loin, c'était quelque lièvre sorti d'un buisson et que toute la troupe dorée courait à travers champs jusqu'à ce qu'un lévrier d'escorte l'eût happé.

C'était vraiment un temps de plaisir et un voyage divin. Cette jeunesse insouciante profitait des derniers jours de soleil et descendait les rives boisées de la Meuse, déjà vêtues de leurs robes rousses de l'automne. On ne faisait guère que quatre lieues au plus chaque jour.

Un matin, deux courriers, qui semblaient pressés, dépassèrent la litière de Marguerite. Ces courriers, qui portaient la livrée et les armes de Philippe II, semblaient avoir grande hâte.

— Il y a du nouveau, ce me semble, dit la reine en avançant la tête au dehors.

En ce moment, un serviteur en costume morisque passa monté sur un cheval de son pays et pressa l'allure pour rattraper les deux cavaliers. Mais la reine le rappela. Le morisque revint à la portière, et, saluant respectueusement, attendit que Marguerite lui adressât la parole.

— Quel superbe More, dit la princesse à demi-voix à la comtesse d'Athies assise auprès d'elle. Nos princes n'ont pas toujours cet air royal. Puis, s'adressant à l'homme en espagnol, elle lui ordonna d'arrêter les courriers et de les ramener vers elle.

Le More obéit.

— Eh ! messieurs, demanda-t-elle, il me semble que vous eussiez pu, sans en être priés, m'offrir des nouvelles de ma sœur Elisabeth d'Espagne. Je ne voyage point, je pense, en si mince équipage, et les armes de France ne sont pas si peu connues que vous ayiez le droit de les ignorer.

— Nous avons laissé la cour de Madrid en excellent état de santé, madame, répondit le plus âgé des deux hommes, mais Votre Majesté nous excusera, lorsqu'elle saura que nous avons une mission pour Jean de Vargas Parme, général des armées royales aux Pays-Bas. Nous lui annonçons l'arrivée prochaine de don Juan d'Autriche comme gouverneur des provinces flamandes.

— Don Juan d'Autriche, le vainqueur de Lépante! le fils de Charles-Quint, s'écria Marguerite, démontée par cette étonnante nouvelle.

— Oui, madame.

La reine demeura quelque temps immobile, tandis qu'autour d'elle les murmures et les exclamations annonçaient que chacun était frappé de la gravité de l'incident.

— Et qui me recevra donc à Liége, si le vice-roi n'est point arrivé?

— Le vice-roi sera aux pieds de Votre Majesté, répondit le courrier.

— Mais nous serons à Liége demain soir. Don Juan d'Autriche est donc derrière nous?

Le courrier d'Espagne s'inclina sans répondre sur le cou de son cheval. Evidemment il l'ignorait.

— Si mon frère le tient, à cette heure, comme c'est probable, dit la reine lorsque le courrier se fut éloigné, puisqu'on l'attend sur toutes les routes, il ne le lâchera pas de sitôt. Si mon aïeul François Ier eût gardé Charles-Quint, son père, lorsqu'il traversa la France pour le même motif qui y amène aujourd'hui don Juan, nous

serions aujourd'hui maîtres de ce que nous allons sol-
liciter.

Je crois pouvoir vous assurer, mesdames, ajouta la
reine, que nous ne verrons à Liége que la municipalité
et le gouverneur de la ville. Le vice-roi des Flandres n'y
sera point.

Le cavalier more, qui était demeuré retenu près de la
litière par un embarras du cortége, sourit à ces mots,
et, se penchant avec politesse vers la reine, il lui dit
avec un sourire deux mots latins qu'elle seule entendit :

— *Jam adsum* (j'y suis déjà).

Marguerite poussa un cri.

Mais, franchissant d'un bond le talus qui bordait le
chemin, le cheval barbe filait comme un trait d'arbalète
à travers les champs.

— Hélas ! murmura la reine, le roi n'arrêtera point
don Juan.

— Pourquoi donc, madame? demanda-t-on de toutes
parts.

— Parce que nous sommes joués. Ce cavalier more,
c'est le vainqueur de Lépante. C'est don Juan d'Autriche.

III

DON JUAN D'AUTRICHE.

C'était en effet un prince merveilleux que ce bâtard de Charles-Quint, et l'homme que son frère Philippe II n'utilisait que dans les circonstances extrêmes.

Jamais héros de roman ne fut plus miraculeusement doué. D'une incomparable beauté, d'une intelligence et d'un courage sans bornes, Juan d'Autriche avait, à trente ans, atteint l'apogée de la gloire et de la renommée. C'était le premier général du monde et l'un des plus habiles diplomates du roi d'Espagne.

L'univers célébrait encore la victoire de Lépante, la plus sanglante et la plus disputée des temps modernes. Le Turc, alors l'ennemi séculaire de la chrétienté y avait perdu sa puissance, quarante mille soldats, tous ses navires. Le prince y avait fait des prodiges.

Luis de Requesens, son conseil, voulait refuser la bataille, redoutant la formidable artillerie des Turcs et le nombre supérieur de leurs galères.

— Je ne suis pas ici pour reculer, mais pour combattre, répondit-il.

Il s'élança sur la flotte ottomane et sauta le premier sur les navires ennemis.

Cette bataille de Lépante, la plus belle gloire de Juan d'Autriche, mit en ligne plus de cinq cents navires. Les Génois, les Vénitiens sous l'amiral André Doria, y avaient amené leurs flottes et jusqu'à leur dernier soldat. L'Espagne tentait les derniers efforts. Il fallait vaincre ou périr, et c'en était fait de la croix si l'on était battu.

Le soir de cette bataille qui décida de la décadence des musulmans, sur ses navires à demi désemparés, au milieu de vingt mille blessés chrétiens, don Juan s'écriait :

— A Constantinople !! La victoire est ici, mais le succès est là-bas !

L'histoire lui donna raison. Il eût rejeté ce jour-là les Turcs hors de l'Europe, il fût entré à Constantinople sans coup férir.

Et quelle étonnante existence !!

Il est élevé chez des marchands de Ratisbonne qui ne savent point son nom ni sa naissance et qui ont accepté cette mission. Il se croit leur fils et grandit auprès d'eux, montrant chaque jour l'éclair de ses vastes facultés, mais inconscient des destinées qui l'appellent à les utiliser.

Charles-Quint mourant confia ce secret à son fils Philippe II, en lui recommandant le mystérieux enfant.

Un jour on vient le prendre chez ses parents adoptifs, on le conduit sans transition à la cour magnifique du roi d'Espagne. L'orgueilleux Philippe II l'accueille, le choie, l'élève jusqu'aux premières marches du trône.

Le jeune homme fut digne de son sang et de sa fortune.

A l'époque dont nous racontons l'histoire, son nom était dans toutes les bouches de la renommée, il venait de prendre Tunis sur les infidèles, et passait à bon droit pour un des gentilshommes les plus accomplis, pour le général le plus glorieux de l'univers.

Sa renommée éclipsait celle du roi d'Espagne, et l'on disait tout bas, à la cour du sombre monarque de l'Escurial, en voyant les regards obliques jetés par le roi sur ce grand guerrier si jeune d'âge, si vieux de célébrité déjà, que les temps étaient différents et que l'amour de Philippe pour son consanguin se changeait en haine.

Aussi, cette mission à lui donnée de gouverner les Pays-Bas dans les circonstances difficiles qu'on traversait étonna-t-elle tous les courtisans. La plupart la considérèrent à la fois comme un exil et comme un piége. Le roi voulait un insuccès pour don Juan.

En effet, le prince, comme on l'a vu, arrivait sous un déguisement, plutôt semblable à un fugitif qu'au vice-roi de provinces flamandes, comptant alors près de dix millions de sujets. Il ne devait trouver dans les Flandres que quelques vieux soldats wallons isolés, incapables de résister à la coalition qui se formait alors contre l'Espagne.

Coalition formidable en effet.

Elisabeth d'Angleterre, le type le plus étrange des souverains de ce temps, reine positive dans sa politique, femme à l'imagination romanesque, fausse, souvent déréglée, Elisabeth allait chercher et payait à beaux deniers l'électeur palatin Jean Casimir, pour secourir les Gueux devenus puissants sous le prince d'Orange et installant la réforme à mesure qu'ils progressaient.

Celui-ci arrivait avec quinze mille hommes.

Les Etats de Flandre avaient réuni trente-cinq mille soldats, la France promettait son appui.

D'un autre côté, le prince d'Orange, l'âme de cette coalition, promettait à tout le monde, tenait de son mieux, négociait avec l'empereur, lui demandant un archiduc pour en faire un comte de Flandres, et, comme on l'a vu, préparait avec la maison de Valois l'avènement du duc d'Alençon au trône flamand sous le titre de duc de Brabant.

Don Juan d'Autriche allait sans doute user ses facultés et sa vie à soulever ce rocher de Sisyphe et tenter, sans y réussir, de rétablir dans ces provinces foulées, à bout de sang et d'argent, la domination espagnole détestée de tous les partis.

Mais c'était là précisément une de ces tâches désespérées qui plaisaient au génie de l'aventureux jeune homme.

Echappant aux embûches que lui tendait le roi de France, il arrivait à Namur et à Liége, prêt à se servir de méthodes nouvelles et à remplacer son audace et sa fougue habituelles par la circonspection et la ruse.

Les citadelles étaient gardées par les troupes des Etats. Mais la rébellion n'étant pas ouvertement déclarée, les villes accueillaient les gouverneurs et le agents espagnols avec une sorte de déférence railleuse.

« Reste si tu le peux, commande si tu l'oses, »
Semblait la devise des Flamands, depuis Saint-Quentin jusqu'aux limites de la Hollande.

Laissons la reine Marguerite et ses courtisans flâneurs cheminer lentement vers Liége, et suivons ces courriers et le More, dont nous connaissons maintenant la qualité, et qui ne devancent la reine que pour la mieux recevoir.

Cette réception devait avoir lieu à Liége, mais comme la princesse devait traverser Namur, don Juan décida que les fêtes se donneraient dans cette dernière ville, et qu'elles coïncideraient avec celles de sa propre arrivée.

Il hâta donc sa course et arriva dans Namur sans avoir été reconnu de personne, sans que l'on soupçonnât son nom et son titre.

Cependant le sous-gouverneur des Pays-Bas, Jean de Vargas, était accouru à Namur au premier bruit de l'arrivée prochaine de la reine de Navarre.

De son côté, la municipalité de la ville, espérant retenir la belle princesse dans ses murs, avait résolu de la fêter de son mieux.

De toutes les parties de la Flandre, la noblesse se pressait pour la recevoir, les savants qui devaient l'accompagner jusqu'à Liége attendaient là sa litière, saisis d'admiration pour cette reine, lumière charmante de la Renaissance.

Au milieu d'eux, le premier de tous, on remarquait le fameux docteur Cornélius Van Beeren, primat de l'Université de Leyde, membre adjoint et consulté de toutes les sociétés savantes de l'Europe. Van Beeren n'était plus reconnaissable.

Vêtu de sa longue robe de velours noir agrémentée d'hermine, précédé des massiers de l'Université, il se rendait chaque jour à l'hôtel de ville pour y prendre conseil, avec l'appareil et la solennité d'un véritable prince.

C'est qu'aussi personne n'ignorait que le vieux savant était l'un des amis particuliers et le conseiller très-écouté de Guillaume d'Orange. Sans savoir précisément le rôle que jouerait là le professeur de Leyde, on soupçonnait que ce serait un rôle vraiment national et digne de ses sentiments patriotiques bien connus.

Le parti français, qui devait appuyer le duc d'Alençon, l'entourait beaucoup, soupçonnant, par l'éclat dont il s'entourait, que sa mission devait avoir pour but quelque compromis entre Guillaume et la reine de Navarre.

On aurait beau jeu, pensait-on, à tout préparer, n'ayant devant soi que Jean de Vargas, sans pouvoir, sans ordres, sans soldats.

On commençait à croire que le roi d'Espagne, dans l'impuissance de résister à la révolte des Pays-Bas, renoncerait peu à peu à sa souveraineté et se contenterait d'un protectorat platonique des libertés flamandes, protectorat que personne assurément ne songeait, pour le moment et dans le besoin qu'on sentait de repos, à lui disputer.

— Il n'envoie personne, disait-on, c'est une preuve qu'il renonce à ses droits absolus.

La vérité était que Jean de Vargas, fort embarrassé

de sa personne, s'était contenté d'amener avec lui, plus encore pour sa sûreté, et pour ne pas laisser ses soldats exposés aux populations hostiles, les deux ou trois mille Espagnols qu'il avait sous les armes de Bruxelles à Gand.

Le général de Philippe II se désolait de ne pouvoir offrir à la belle-sœur de son roi une contenance plus ferme et une fierté bien assise. Mais il fallait bien qu'il s'y résignât, car les événements marchaient, et la reine de Navarre n'était guère plus qu'à dix lieues de Namur, à peine deux journées de marche.

La ville ne s'inquiétait guère des soucis du pauvre Vargas. Il ne savait où donner de la tête et se demandait si, dans cette solennelle, noble et savante réception, il passerait derrière les échevins.

Le malheureux gouverneur en était réduit à se demander, puisqu'il ne pouvait imposer ses lois et tenir la place que lui valait son titre de représentant de Philippe II, s'il n'était pas préférable de se retirer de ville en ville devant la reine de Navarre, jusqu'à ce que le hasard lui permît de parler comme il convenait.

Le peuple affluait autour de son hôtel et semblait le narguer de son impuissance. En effet, autour de ces deux mille Castillans, se resserraient les masses profondes des milices brabançonnes qui, maîtresses de la citadelle et des remparts, ne laissaient approcher aucun soldat espagnol à demi-portée de mousquet.

Vargas, soucieux, se promenait dans une salle basse du palais du gouvernement. Il se retourna soudain vers un gentilhomme, qui, tout armé, se chauffait sans mot dire sous le manteau de l'énorme cheminée.

— Eh bien, d'Avalos ? demanda-t-il enfin, que dites-vous de notre situation ? Où sont les beaux temps de notre maître le duc d'Albe ?

Ici Vargas souleva son chapeau de feutre, saluant la place vide où se trouvait autrefois le portrait du terrible duc, lacéré par les Namurois.

— Je dis, répondit philosophiquement d'Avalos, que ces temps-là sont bien loin et ne me semblent pas près de revenir.

— Un conseil, d'Avalos !

— Un conseil !!! En vérité, j'allais faire fond moi-même sur votre sagesse.

— Vous savez que la princesse Marguerite arrive demain ?

— Oui.

— Combien y a-t-il en caisse pour la recevoir ?

— Il y a la solde de demain, rien de plus.

— Il nous faudrait dix fois cette somme pour être dignes de nous.

— D'Avalos.....

— Monseigneur ?

— J'ai envie de balayer toute cette canaille, de m'emparer de l'argent de la municipalité et de profiter des préparatifs de ces drôles lorsqu'ils seront terminés.

— Il faudrait être en force, monseigneur, pour jouer ce jeu-là ; nous serions crossés, ce me semble, et peut-être emprisonnés, ce qui serait encore plus honteux qu'une résignation volontaire.

— Vous avez raison, d'Avalos, dit Vargas, gravement. Tout cela est la faute de notre roi qui nous abandonne.

Mais voyez ces écussons, d'Avalos, qu'ils tendent triomphalement à cette porte de feuillages. N'est-ce pas le lion des Flandres ?

— Si fait, monseigneur, avec leur devise.

— Et les armes de Castille, où donc sont-elles ?

— Nulle part, monseigneur.

— Alors, selon ces gens, nous sommes, nous autres, en pays conquis ?

— Absolument.

— Et nous le souffririons !! s'écria le vieux soldat en serrant convulsivement la poignée de fer de son épée. Et je subirai, même avec l'illusoire puissance qui me demeure, un tel affront !! Je préfère me faire tuer à la peine, d'Avalos. Je vais donner le signal de l'attaque. Une surprise nous réserve peut-être quelques chances.

— Guère, monseigneur. Je suis prêt à obéir, mais à votre place j'attendrais jusqu'à la nuit. La nuit rend ces attaques résolues plus terribles. Et puis...

D'Avalos hésita un instant.

— Et puis ?... interrogea Vargas.

— Et puis le gouverneur que nous attendons avec de l'argent, des pouvoirs et des troupes, sera peut-être arrivé. Ce silence du roi me rassure, moi, tandis qu'il vous abat.

Jean de Vargas laissa échapper un éclat de rire plus triste qu'une plainte, tant il était douloureux.

— Le gouverneur, s'écria-t-il, le vice-roi, mais voici deux mois que je le réclame de toutes mes forces, voici le quinzième courrier spécial que j'expédie à Madrid pour demander du secours, pour obtenir un chef ; des instructions même, on ne m'en donne point. Encore si, reconnaissant ainsi une cause perdue, on consentait à nous rappeler en Espagne. Mais non, les rares ordres qui nous parviennent encore sont formels : il faut rester, il faut tenir, il faut se cramponner avec les débris de nos troupes. Mais le moment vient où nous serons obligés de disparaître.

— Il est venu, monseigneur, si le vice-roi n'arrive point ce soir.

— Ah ! que ce soit au moins le prince de Parme, le vieux compagnon du duc d'Albe, nous éventrerons au moins, avant de partir, quelques-uns de ces odieux Flamands.

Nous saccagerons bien quelques villes dans cette retraite, nous brûlerons bien quelques châteaux. En vérité, d'Avalos, je hais ces gens-là plus que les Maures que nous avons tant combattus.

— Je comprends cela, monseigneur ; mais veuillez vous approcher de la fenêtre, vous pourrez voir parfaitement d'ici les préparatifs de cette belle fête.

On terminait en effet les estrades sur lesquelles les jeunes filles de la ville, vêtues de blanc, devaient se tenir pour offrir à la reine les fleurs et les présents de bienvenue.

De hautes tapisseries d'Arras et de Bruges, des draperies brodées d'or pendaient à toutes les fenêtres. Un luxe de devises qui n'appartient qu'à cette époque, se lisait partout et dans toutes les langues et célébraient les vertus (?) la science, la gentillesse et la beauté de la reine de Navarre.

On dressait pour la nuit les torches de résine qui devaient brûler de toutes parts; les corporations, les confréries répétaient la cérémonie pour qu'il n'y ait, au moment voulu, ni hésitation ni tumulte.

Les troupes des Etats se tenaient sous les armes tant pour veiller sur les Espagnols que pour imposer par leur tenue martiale le respect dû aux libertés flamandes.

Une fourmilière innombrable de peuple encombrait les rues et les places.

Seul au milieu de cet air de fête, le palais du gouverneur gardait son apparence triste et maussade, et semblait protester contre les réjouissances générales.

La population, qui ne se trompait point sur les causes de cette obscurité, applaudissait ironiquement.

— Que dira le roi de France, se disait-on, lorsqu'il saura que sa sœur bien-aimée n'a reçu des Espagnols ni fêtes, ni festins, ni joutes?

Sur l'estrade, aux premières places on voyait Urgèle chargée de réciter le compliment de bienvenue, un chef-d'œuvre de préciosité composé par Cornélius, qui ne se sentait pas d'aise en voyant comme les choses marchaient à souhait.

— D'Avalos, dit enfin le marquis de Vargas, que ce spectacle de la joie narquoise des Flamands irritait au plus haut point, vous allez vous rendre auprès du bourgmestre et lui dire que ma bannière marchera la première, et que mon écusson remplacera celui qui s'étale insolemment là-haut. Mon écusson au-dessous des armes de Castille. Allez !

— Je vais me faire mettre en morceaux, grommela d'Avalos, mais enfin il a raison, l'honneur est en jeu.

Comme il allait sortir, un personnage entra seul, couvert d'un manteau de velours noir.

— Restez, d'Avalos, dit ce personnage d'une voix tranquille.

D'Avalos chercha vainement à deviner quel pouvait être ce personnage qui parlait ainsi, mais, soupçonnant qu'il allait se passer quelque drame important, il demeura.

Alors l'inconnu, par un geste plein de jeunesse, de fierté et de fougue, jeta au loin son manteau et son feutre et parut couvert d'un pourpoint de satin blanc garni de dentelles, l'épée au flanc, le sourire aux lèvres, plus beau qu'un archange.

— Me reconnaissez-vous, mes maîtres ? dit-il.

Vargas hésita un instant, il croyait rêver. Puis il devint tout pâle de joie et posant sa main sur son cœur avec un geste de respect, tandis qu'une larme de joie coulait sur ses joues ridées :

— Monseigneur Juan d'Autriche, illustre vainqueur de Lépante, dit-il.

— Et, interrompit don Juan, vice-roi des pays d'Embas.

— En ce cas, cria d'Avalos, vive l'Espagne ! nous recevrons la reine de Navarre dignement.

— Monseigneur, fit tristement Vargas, pardonnez-nous de ne pouvoir mieux vous honorer. Nous ne pouvons même fêter la sœur de notre reine, tout nous manque, jusqu'à l'argent, cette nécessité la plus vile de toutes. Ces Flamands, au contraire, déploient un luxe insolent. Au moins, monseigneur, pourrons-nous réparer le mal maintenant que vous êtes arrivé. J'ose croire que vous apportez avec vous les millions et les armées.

— Les millions!! s'écria don Juan éclatant de rire, les armées!! Ecoutez-moi, Vargas. Je suis arrivé, moi troisième, déguisé en serviteur morisque de mes deux courriers. J'aurais été pillé vingt fois sur la route si j'eusse été riche, et tué plus de cent si l'on m'eût reconnu.

— Mais alors, monseigneur, balbutia le pauvre Vargas tout déferré, la reine de Navarre.... mais, vous présent, l'affront est encore plus grand.

— Ne t'inquiète point, mon vieux guerrier, nous recevrons la reine de Navarre et tu verras ce que coûteront aux bourgeois flamands leurs petites fêtes indépendantes.

D'Avalos, faites sonner la grosse cloche et que les crieurs rassemblent le peuple sur cette place. Qu'on illumine *à giorno* ce balcon du palais du gouvernement. Je veux être vu, je veux parler aux bourgeois. Vrai Dieu, mes maîtres, n'en vaux-je pas bien la peine?

D'Avalos courait déjà par la ville. La garde municipale crut les Espagnols prévenus de l'arrivée plus prompte qu'on ne le supposait de la reine Marguerite et les laissa sonner le bourdon.

A ce signal toute la population se répandit dans les

rues en habit de fête, on accourut sur la place où la réception et le cérémonial devaient avoir lieu.

Cornélius Van Beeren et sa fille se hâtaient. Tout à coup, René glissa comme une ombre auprès d'eux.

— Eh bien, mon fils, demanda le professeur, voici les réjouissances qui vont s'ouvrir ; je t'autorise à faire danser ma fille au bal de cette nuit autant qu'il te plaira et à sa fantaisie.

— Merci, monsieur, répondit le jeune homme d'une voix grave, mais la reine Marguerite n'est point arrivée et j'ai rencontré derrière deux cavaliers venant d'Espagne un personnage dont nul n'a la tournure ni la renommée et c'est pour lui que la fête sonne.

— Que veux-tu dire, enfant? interrogea Cornélius surpris.

— Je dis que les Flamands ont mis leurs beaux habits de drap fin, qu'ils illuminent leurs places, qu'ils sonnent leurs cloches et amènent leurs belles jeunes filles, non pour la reine de Navarre, mais pour le nouveau gouverneur vice-roi.

— Et qui est-il ce vice-roi?

— Don Juan d'Autriche.

A ce nom redouté et inattendu, le vieux Van Beeren chancela, mais il se remit bientôt, le péril pressait.

— Que faire? demanda-t-il.

— Rien, répondit René ; il est trop tard, il faut subir ce qu'on ne peut empêcher et recevoir non le vice-roi, mais le vainqueur des Turcs. Il n'y a plus ici de protestants ou de catholiques, de Flamands ou d'Espagnols, il n'y a que des chrétiens et leur libérateur.

— Tu as raison, mon fils, s'écria Van Beeren. Tu nous sauves la dignité comme tu nous as sauvé l'honneur en d'autres temps. Mais hâtons-nous, je ne veux laisser à personne le soin de prendre la parole.

Cependant la population encombrait les abords de la place, anxieuse et regardant la route présumée du cortége. Mais au plus loin cette route était obscure et rien ne révélait son arrivée.

Alors on se retournait vers le palais du vice-roi dont le balcon, suivant les ordres du prince, éclatait de mille feux.

Les torches s'allumaient, la municipalité surprise se groupait; les estrades se garnissaient de jeunes filles.

Tout à coup le canon retentit, puis un deuxième coup, puis toute une salve.

Les gardes couverts de fer parurent au balcon, portant des torches, et au milieu d'eux le vice-roi, souriant, vêtu de ce même habit de gala que nous avons décrit, s'avança jusqu'à la rampe.

L'émotion et la surprise, à la vue de ce merveilleux cavalier, furent telles qu'il s'établit aussitôt un grand silence.

Don Juan d'Autriche en profita pour prononcer d'une voix vibrante le discours suivant :

« — Echevins et habitants de la ville de Namur, et vous tous, bourgeois de Flandre qui m'écoutez, S. M. le roi Philippe II m'a confié la vice-royauté de vos provinces et le rétablissement de son autorité compromise par le zèle trop vif de mon prédécesseur. La vertu du duc d'Albe et sa foi ne sont point l'apanage de tout le monde, et je vous déclare que j'arrive ici les mains pleines d'indulgences et de pardons, dans le but de vous réconcilier avec votre prince et avec vous-mêmes.

« Je ne suis point un tyran, et lorsque le roi Philippe II a confié à don Juan d'Autriche le poste qu'il vient occuper parmi vous, ce n'est pas l'épée à la main, le casque en tête, en menaçant les réformés du bûcher, les catholiques de l'inquisition et les rebelles de la corde, qu'il entend se présenter à vous. »

Au nom de Juan d'Autriche, un murmure d'étonnement et d'admiration parcourut toute la place, mais aussi de sourds murmures de désappointement et de haine. Cet adversaire était décidément trop dangereux.

Le prince continua avec un sourire nuancé d'ironie :

— Je vous remercie de votre empressement à m'élever des arcs de triomphe et de semer ma route de fleurs. Il me plaît d'être traité par vous comme un victorieux et comme un ami. Cela me démontre comme vous appréciez mes armes, et comme vous redouterez de m'entraîner à la rigueur, cela me prouve également que vous êtes disposés à m'aimer comme je fais pour vous-mêmes.

J'attends tout à l'heure les hommages de la municipalité.

Il se fit apporter un hanap d'argent ciselé plein de bière écumante.

— Je bois, dit-il en élevant la voix de manière qu'on l'entendît distinctement de tous les points de la place, je bois, avec la bière de ce noble pays, à la prospérité des

Flandres et au roi d'Espagne et des Pays-Bas, Philippe II, mon auguste maître.

Et lançant le hanap précieux, d'un geste plein de grâce, au milieu de la foule, comme une première largesse, il rentra dans les appartements.

Une explosion de sentiments et d'exclamations comprimés éclata tout aussitôt. Les Flamands étaient joués. Ils comprirent que le prince se moquait supérieurement d'eux.

Lever ouvertement l'étendard de la révolte, déclarer au prince que ces préparatifs de fête s'adressaient exclusivement à la reine de Navarre, que la municipalité n'entendait en aucune manière rendre hommage au successeur du duc d'Albe, c'était, en l'état des choses, imprudent, car on ignorait les ressources en hommes et en armes qui avaient pu venir par les provinces de Franche-Comté et de Lorraine et suivre le prince.

La municipalité fut bien vite renseignée d'ailleurs sur l'équipage de don Juan. Elle sut qu'il n'avait amené que quelques chariots et un très-mince bagage. Elle se rattraperait le lendemain en humiliant non plus un aussi mince personnage que Jean de Vargas, mais très-haut et très-puissant personnage don Juan d'Autriche, qui assisterait aux fêtes éclatantes offertes par la ville.

Quelle hospitalité pourrait-il donner à Marguerite de Valois dans ce vieux palais délabré, nu, triste, plusieurs fois saccagé par le peuple ?

Après une courte délibération, à laquelle prit part Van Beeren, qui annonça devoir haranguer lui-même

le vice-roi, la municipalité, maïeur, échevins et conseillers, se rendit au palais.

Don Juan les reçut avec une affabilité extraordinaire,
renouvela ses promesses pacifiques, annonça qu'il avait,
chemin faisant, rencontré la reine de Navarre arrivant
à petites journées et qu'elle ne pouvait tarder à entrer
dans la ville.

— Je prendrai ma part, dit-il, des réjouissances que
la ville offrira à la belle princesse, et nous lui ferons de
concert les honneurs du pays. Maintenant, messieurs,
termina-t-il, j'attends vos hommages.

Cornélius prit alors la parole, et, dans un discours
très-ardent, vanta, comme il l'avait dit, la victoire de
Lépante et la défaite des ennemis, qui ne menaçaient
pas seulement les catholiques, mais toute la chrétienté;
il le proclama le rempart de l'Occident, raconta comme
une épopée la merveilleuse victoire du jeune héros;
mais, d'acte de soumission il n'en fut pas question. La
bienvenue au gouverneur fut laissée dans l'ombre.

Don Juan comprit la réserve et son front se rembrunit
un instant.

— J'ai demandé des hommages et non point des
éloges. Après tout, messieurs, je ne puis, je le confesse,
vous inspirer du premier coup la confiance. Mais vous
me verrez à l'œuvre et c'est là que vous me jugerez.

Il demanda ensuite au maïeur et aux échevins quelques détails sur la réception qu'on préparait à la reine.
Le maïeur annonça qu'on logeait la princesse à l'hôtel
de ville même.

— Allons voir ces apprêts, dit-il.

Il sortit de la salle, escorté par la municipalité, par Jean de Vargas et son lieutenant, la municipalité rayonnante de pouvoir l'écraser par sa magnificence, les Espagnols sombres, hargneux, colères de l'humiliation au-devant de laquelle marchait le jeune prince.

— Monseigneur, souffla Vargas à l'oreille de don Juan, ces gens-là vont triompher de la misère de l'Espagne et de notre mince équipage.

— Qui sait? murmura don Juan. Ne te tourmente point à l'avance, mon vieux guerrier.

— Oh! je sais que Votre Altesse est un grand magicien, mais vous ne pourrez pas faire que notre pauvre palais dénudé ne soit indigne d'elle. Et ce palais, c'est la maison du roi d'Espagne.

— Ne crains rien, te dis-je, et suis-moi.

L'hôtel de ville de Namur était ce soir-là une merveille. On avait disposé dans le vestibule des montagnes de fleurs. A l'intérieur, les meubles merveilleux de l'Italie, les faïences de Pise, les meubles d'acajou couverts de cuivres travaillés des Hollandais, les tables de laque et les vases de bronze aux formes bizarres rapportés de Chine par les navires de la Frise et de la Zélande, s'entassaient, offerts par les particuliers pour l'aménagement du palais municipal qu'on transformait en maison de prince. Les hautes tapisseries d'Arras et de Bruges couvraient les murailles.

Le lit royal, miracle de dentelles et de broderies, était posé sur une estrade et entouré d'une tapisserie qui représentait les Muses.

Les apprêts d'un grand festin se faisaient déjà.

Don Juan examina toute cette éblouissante mise en scène.

— C'est admirable, dit-il, et cela fait vraiment le plus grand honneur à vos architectes. Je ne sais, en vérité, comment en si peu de temps, bien que je représente ici le roi d'Espagne et des Indes, les trésors du Pérou et les mines de Golconde, je pourrais faire pour offrir en même temps à la reine de Navarre une hospitalité qui puisse rivaliser avec la vôtre.

Car, ajouta-t-il, c'est ici, messieurs, une lutte courtoise et je n'ai pas le droit de renoncer à vous en disputer le prix, puisque ce prix est la plus belle princesse de la terre.

Il s'aperçut du vif mouvement de surprise et d'hésitation qui se produisit parmi ceux qui l'entouraient.

« — Ne craignez pas, dit-il avec un sourire, que je pousse la tyrannie jusqu'à prétendre imposer à la reine mon hospitalité particulière.

Nos armes sont courtoises en ce combat, messires. Vous n'avez point attendu l'aveu ou même l'avis du gouverneur, dans une ville où se trouve une résidence, pour décider vos apprêts et les exécuter, c'est fort bien.

De mon côté, vous ne sauriez trouver mauvais que je tâche d'en faire autant. Vous m'avez rendu l'œuvre périlleuse, mais la princesse choisira.

Elle aime les arts et le luxe ; voici certainement des miracles que je ne pourrai réaliser. Et je vous quitte, messieurs, pour y songer. »

Lorsque don Juan fut sorti, les conseillers ne purent

retenir leur joie. Ce prince était vraiment présomptueux sous ses façons débonnaires.

Cependant, bien que tous fussent rassurés et qu'aucun d'eux ne pût s'imaginer que cette lutte entre le prince et la ville fût sérieuse, on ne put se dissimuler que ce jeune homme n'était point inférieur à son immense réputation.

Pendant ce temps on faisait entrer mystérieusement deux énormes chariots couverts, arrivés depuis la veille à destination inconnue, dans la cour du palais du gouvernement. Le plus profond silence continua de régner dans le sombre édifice.

La population, agitée par cet événement inattendu, par ce grand nom, par cette fière mine, subjuguée aussi par l'ascendant et le charme de cette nature supérieure, ne quitta point les abords du palais.

Don Juan s'était enfermé avec une nuée d'ouvriers et de serviteurs, il avait défendu à tous l'entrée d'une partie réservée de son palais et des salons inhabités du premier étage. Les amis même et les officiers du prince ne pouvaient pénétrer auprès de lui.

Ceux-ci, et surtout Jean de Vargas, ne se faisaient point faute de récriminer et de se plaindre.

— On pouvait s'emparer de leurs préparatifs, disait Jean de Vargas, on pouvait s'en faire honneur auprès de la reine. Que peut-il faire à cette heure? L'imagination perdra quelque jour ce jeune homme. En attendant, voici notre dignité compromise.

Cependant, vers onze heures du soir, les cloches de la ville sonnèrent de nouveau. La population poussa des clameurs d'enthousiasme, et son flot se précipita vers les portes où l'on signalait l'arrivée de la reine de Navarre.

Voici d'abord les milices urbaines qui défilent au son des fifres et des trompettes. Les cavaliers bardés de fer du vice-roi les suivent en bel ordre. Puis les massiers des Universités, puis les échevins et le conseil de la ville, enfin le maïeur, puis la litière de la reine de Navarre que nous avons décrite ailleurs, et toute cette troupe bigarrée et resplendissante des jeunes seigneurs et des dames de sa suite.

A la portière, marche, la tête découverte, le vice-roi des Pays-Bas, prêtant l'oreille aux propos que lui tient la reine, toute vêtue de satin blanc.

Enfin, derrière cette foule privilégiée, le peuple en habits de fête, criant Noël et acclamant la princesse.

Çà et là des hommes de guerre, reconnaissables à leur pourpoint de cuir, à leur col rabattu, à l'épée qui leur bat les jambes et souvent celles des voisins.

Des curieux, des étrangers en nombre.

Deux hommes se sont arrêtés à l'angle de la place, auprès du palais du gouverneur.

—Vive Dieu! dit l'un d'eux, voilà une belle pompe et une superbe cérémonie, qu'en dites-vous, mon cousin? Parlons franc, qu'avez-vous trouvé de plus curieux dans tout ceci : la belle reine, que Dieu nous garde, le beau vice-roi, dont il nous garde, car c'est là véritablement un adversaire? est-ce la belle ordonnance des milices ou l'air martial des cavaliers de l'Espagne?

— Le plus curieux, répondit d'une voix narquoise

l'interlocuteur de celui qui venait de parler ainsi, lequel, enveloppé dans un manteau gris de fer, les bottes de cheval crottées jusqu'en haut, maigre mais d'apparence vigoureuse et portant toute sa barbe, s'était assis sur une borne et dissimulait son visage sous son feutre. Le plus curieux, c'est de nous voir ici, vous et moi, sire, et de compagnie.

— Ventre-saint-gris, mon cousin d'Orange, vous avez raison! s'écria l'autre en riant de bon cœur. Je crois qu'il n'est pas un de ces personnages de tout à l'heure qui ne soit de votre avis, s'il nous voyait là.

— L'important, c'est que l'on ne nous découvre point, sire. On n'oserait certes pas toucher à l'oint du Seigneur, beau-frère du roi de France; mais, moi, ce serait différent; on ne se ferait point faute de me traiter.....

— Comme le comte de Horn; cela ne me semble pas douteux, mon compère. Moi, je suis venu pour avoir des nouvelles de ma femme et juger par moi-même de son bon visage et de l'accueil qu'on lui fait. Vive Dieu!! je suis un bon époux, mon cousin, et un homme reconnaissant.

— Et un homme curieux, sire, qui avez voulu voir par vos propres yeux comment se comportent les Gueux de Flandre, ces vieux réformés qui ont fait trembler l'Espagne, l'éternelle ennemie de votre futur royaume, Vous vouliez aussi savoir un peu ce que c'était que Guillaume d'Orange. Eh bien, sire, vous devez être satisfait; vous avez trouvé la ville enthousiaste de votre femme et un ami qui vous tend la main.

— Vous êtes clairvoyant, mon cousin, trop, car vous parlez d'une visée qu'un pauvre prince tel que moi, roi sans couronne, ne saurait avoir. La couronne de France n'est pas mon fait. J'aime les beaux coups d'épée, les luttes héroïques, je suis de la religion. Je vous admire et vous recherche, je suis heureux de vous serrer clandestinement la main, ne le pouvant faire à ciel ouvert. Là mes vœux s'arrêtent.

— Ah! sire, dit le prince d'Orange avec une mélancolie singulière, mes vœux à moi ne s'arrêtent pas sitôt. Je demande à Dieu qui nous soutient dans les épreuves, qu'il me donne la force et la constance des Machabées pour soutenir ce pauvre pays divisé, opprimé, écrasé.

— Jusqu'à quand? ventre-saint-gris! C'est le rocher de Sisyphe que cette tâche, s'écria le roi de Navarre que, ne fût-ce qu'à son habituel juron, nos lecteurs ont reconnu.

Le prince d'Orange saisit la main du futur Henri IV et la baisa.

— Jusqu'au jour, reprit-il, où votre sagesse et votre constance auront-elles-mêmes vaincu. Ce jour-là, nous réunirons ces provinces à la France; nous ne craindrons plus les persécutions et les massacres. Ce jour-là, la liberté de conscience sera assurée. Que seraient les Flandres isolées au milieu de ces nations puissantes, ambitieuses, pleines de tyrannies et de convoitises? La proie du plus fort.

Je ne vous demanderai, sire, que cette autorité qu'apporte aujourd'hui ce don Juan d'Autriche, prince vraiment digne d'une meilleure cause. Je serai votre lieutenant fidèle et dévoué. En attendant...

— En attendant, mon cousin, interrompit le roi de Navarre, qui ne voulait point que la conversation allât au-delà des bornes qu'il avait posées lui-même, tâchons que mon frère d'Alençon soit duc de Brabant. De cette manière, s'il meurt, sa couronne fera retour au roi Henri III. Peut-être alors aurai-je à mon tour des chances.

Le roi de Navarre éclata de rire.

— Avouez, mon cousin, que, pour une femme de trente ans, Marguerite de Navarre est encore magnifique !

— La reine est une déesse, sire.

Cette interruption était motivée par l'arrivée de la litière devant l'hôtel de ville de Namur.

Le vice-roi don Juan d'Autriche avait mis un genou en terre pour recevoir la main de la princesse à sa descente de l'énorme machine.

— Soyez, très-illustre reine, lui dit-il, la bien-venue sur les terres d'Espagne. Il semble que mon auguste maître le roi Philippe II ait voulu m'accorder la faveur la plus insigne, au moment d'entreprendre la tâche périlleuse de gouverner ce grand peuple des pays d'Embas, puisque mon premier soin dans les Flandres est de vous en faire les honneurs.

Vous avez la parole, monsieur le maître d'Université, je laisse à votre docte éloquence le soin de célébrer, en un discours digne d'elle, la plus belle des savantes, la plus savante des belles.

T. II.   4

— Ventre-saint-gris! murmura le roi de Navare, qui n'avait point perdu un mot de cette harangue. Voilà un gaillard qui parle bien, et ma femme aime les langues dorées. Qu'en dites-vous, mon compère ?

— Cet homme-là, répondit le prince d'Orange, est le plus merveilleux génie de notre temps. Si je ne le savais d'avance perdu par la jalousie du roi d'Espagne, qui redoute plus ses succès que les nôtres, je désespérerais du salut de notre cause, livrée aux attaques d'un pareil adversaire.

— Vive Dieu ! les bons adversaires font les bonnes batailles et les vraies victoires.

— Je le sais bien, sire; mais, si abandonné, si dépourvu que soit ce prince, je vous avoue que je le trouve plus redoutable que le duc d'Albe, lorsqu'il commandait à trente mille Allemands. C'est un homme de ruse et d'action.

— Dites que c'est un homme.

Pendant ce temps, Cornélius Van Beeren déroulait les périodes précieuses de sa latinité. Marguerite l'écoutait d'un air distrait en jouant avec les glands d'argent de sa mantille. Elle contemplait à la dérobée le fier profil du vice-roi qui semblait ouïr sans les comprendre les phrases du docteur. La reine s'étonnait de trouver tant de jeunesse et de grâce alliées à tant de renommée. En même temps elle cherchait dans les lignes un peu efféminées du visage de ce héros quelque indice de son caractère propre, le caractère étant le plus souvent le côté faible des grands hommes et celui par lequel on pénètre dans la place.

Marguerite savait, comme tous les princes de ce temps, l'histoire secrète des cours de son époque. Elle n'ignorait pas les ressentiments que gardait don Juan d'Autriche contre Philippe II, lequel l'avait reçu plus en vaincu qu'en victorieux lors de son retour de Lépante, lui témoignant, il est vrai, une grande reconnaissance devant le peuple, mais une extrême jalousie dans l'intimité.

Pourrait-elle s'emparer de l'esprit de don Juan, ne serait-il pas possible de l'attirer dans le camp du roi de France et, pour commencer, d'en faire l'auxiliaire de la cause du duc d'Alençon?

Don Juan semblait ne pas s'apercevoir de l'attention dont il était l'objet de la part de la reine, il feignait d'écouter la harangue d'une oreille distraite, et nul n'eût pu résoudre ce difficile problème : S'il en comprenait un traître mot.

Van Beeren crut pouvoir risquer ce trait.

« Il est douloureux pour nos cœurs de penser que Votre Majesté, qui possède déjà nos cœurs, ne règne pas sur des provinces où son indulgence, ses vertus et ses talents que nous n'entrevoyons que comme un lumineux météore, eussent acquis des cœurs qu'on peut conquérir, mais qu'il n'est pas possible de soumettre. »

Ici don Juan releva brusquement la tête et regarda le professeur.

— *Forsan* (peut-être), dit-il à haute voix.

Lorsque la harangue de Van Beeren, un peu troublé par l'interruption, fut achevée, le maïeur et les échevins prirent la parole à leur tour.

On entra ensuite dans la salle du festin.

Une longue et magnifique table ornée d'argenterie et de fleurs s'étendait dans toute la salle du grand conseil, éclairée de mille bougies. Au centre, on avait disposé une sorte de trône pour la reine ; à sa droite, le siége du vice-roi, qui ne se distinguait d'aucun autre. En face, le fauteuil du maïeur aux armes de la ville.

Comme on entrait pour prendre place, quatre pages portant sur leur costume de velours les armes de Castille et suivis d'hommes d'armes l'épée au poing, apportèrent une table d'argent garnie d'un magnifique surtout d'or émaillé, la posèrent sur une estrade que des ouvriers, sur un signe du vice-roi, installèrent au fond de la grande salle.

— Mais, monseigneur, objecta le maïeur, vous changez l'ordre de la cérémonie.

— Je n'ai rien approuvé, ce me semble, messire, et je fais Sa Majesté juge de la table qu'elle doit occuper dans les Etats de Philippe II, son royal beau-frère. Est-ce celle des bourgeois, sujets plus ou moins indisciplinés de Sa Majesté, en tout cas malveillants, ou celle du représentant du roi d'Espagne ?

Cette petite table était décidément une merveille d'orfévrerie. Rien ne saurait donner une idée de la richesse et du travail de la vaisselle qui la couvrait.

— Messieurs, dit la reine en prenant le bras du prince, permettez-moi d'accepter votre festin à la table de mon frère Philippe II.

Elle s'assit à la table du vice-roi, qui prit place en face d'elle sur un tabouret.

Le peuple, qui n'avait rien compris à cette scène, se répandit dans les galeries, autour des fenêtres et dans les angles de la salle elle-même en criant : Noël! Noël pour la reine de Navarre!!!

— Voyez cet audacieux, disait Guillaume d'Orange les dents serrées, il n'a ni armée, ni trésors, ni partisans dans notre pays, voyez comme il en use en maître.

A quoi le roi de Navarre, caché comme lui dans l'embrasure profonde d'une fenêtre, répondait :

— Ne nous plaignons pas, mon compère, nous apprenons ici l'art de gouverner, qui n'est guère facile, même aux barbes grises. Ce jeune homme me semble consommé dans ces matières. A son assurance, m'est avis que tous ceux qui l'entourent se sont persuadé qu'il est puissant.

Entre l'être et le paraître, la différence devient nulle.

La salle présentait un splendide coup d'œil, les dames de la suite de la reine, mêlées aux gentilshommes flamands, étaient couvertes de diamants et de dentelles, le palais éclairé *à giorno* reflétait jusque dans la Meuse ses hautes fenêtres étincelantes.

La fête dura la plus grande partie de la nuit.

Marguerite de Navarre profita de ce tête-à-tête pour éblouir le vice-roi.

La conversation se fit en italien, la langue favorite de Marguerite, et celle que parlaient de préférence les grands seigneurs de cette époque.

Don Juan ne parla que des arts et des monuments de cette patrie des Médicis. Il évita soigneusement tout ce qui pouvait avoir trait au gouvernement. Il déclara ne point connaître l'œuvre de Machiavel, et vouloir gouverner les Flamands en père s'il le pouvait, en roi s'il le fallait.

— Que ne tentez-vous, dit alors Marguerite, d'être tout à fait leur roi?

— Il sied mal à un bâtard de jouer les rôles légitimes, répondit don Juan devenu sérieux.

— Les bâtards tels que vous sont les fils légitimes de la gloire, et Dieu lui-même marque leur race du sceau particulier dont il a marqué les rois.

— Philippe II est le fils de l'empereur Charles-Quint.

— Vous êtes celui de Lépante, monseigneur, répondit Marguerite. Le monde entier vous admire et jalouse le pays qui vous possède.

— Jalouserait-il donc le pays dont je serais le maître? le maître espagnol?

Marguerite se leva sur ce mot qui disait assez durement que, fût-il roi, sa politique serait toujours castillane.

Le maïeur s'approcha.

— Plairait-il à Votre Majesté, lui dit-il, de visiter l'appartement particulier que la ville de Namur lui a préparé?

— Que Votre Majesté choisisse entre cet appartement et celui du palais du gouvernement, ajouta don Juan. Arrivé trop tard, je n'ai pu faire pour la reine de Navarre les préparatifs dont elle est digne, mais il ne sera point dit que l'hospitalité ne lui aura point été offerte par le roi, mon maître.

Marguerite pensa que, pour punir ce rebelle à sa beauté et à son esprit, elle se logerait à l'hôtel de ville; mais elle ne crut pas pouvoir se refuser à visiter le palais du vice-roi.

Celui-ci invita le maïeur, les échevins et le conseil à suivre la cour; et tout le cortége, traversant la place au milieu des acclamations et des éblouissements de la foule, entra dans l'hôtel du gouvernement.

Vargas lui-même ignorait quelle sorte de préparatifs avait tentés le vice-roi, et sa fierté se révoltait à l'idée d'opposer aux somptuosités de la ville la misère de l'Espagne.

Il suivit cependant le cortége en maugréant.

Mais, lorsque la grande porte fut ouverte, on aperçut l'escalier tendu des fines soies de l'Orient brodées d'or et de perles fines; des lampes mauresques pendaient des plafonds, répandant une odeur d'essence de rose et une clarté voilée. Les tapis de Perse, très-rares à cette époque, couvraient l'indigence des marches de pierre.

Don Juan guida la reine jusqu'à la grande salle du premier.

Ici un éblouissement attendait la princesse.

La salle entière était tapissée de soie pourpre brodée de caractères bizarres.

Le lit, ombragé d'étendards, était fait de coussins recouverts eux-mêmes de drapeaux. Des armes merveilleuses s'accrochaient de toutes parts aux murs et dans d'énormes vases d'émail brûlaient des parfums inconnus.

Don Juan fléchit le genou.

— O reine de la Renaissance, dit il, voici les trophées de Lépante. Les arts, les sciences, refoulés par la barbarie refluaient vers l'Europe. Les Turcs ne menaçaient point seulement notre Dieu et nos armes, ils voulaient détruire nos peintres, nos sculpteurs, nos poètes et toute cette race dont, sans distinction dé nation ou de race, vous êtes par la grâce et le génie la vraie souveraine.

J'ai marché contre eux, reine, et, grâce à Dieu, j'ai vaincu. Voici les étendards pris à nos ennemis séculaires. Voici les tentes des vizirs et des pachas. Voici les armes du sultan.

Je n'ai pas cru qu'aucun lit fût plus digne de votre gloire et de l'illustration de votre génie.

C'était assurément le plus étrange et le plus extraordinaire hommage que cet homme pût faire à une femme. La reine en fut profondément touchée. Elle n'eut pas le courage de refuser cette glorieuse couche.

— J'accepte, prince, dit-elle. Vous m'avez fait voir que, bien qu'habituée aux hommages, je puis encore être sensible à cette incomparable galanterie.

Puis, se tournant vers la municipalité de Namur qui était restée muette de surprise et d'admiration :

— Messieurs, leur dit-elle, avec son plus séduisant sourire, vous êtes vaincus, don Juan l'emporte ; mais il y a encore quelque gloire à succomber sous le génie de ce grand homme. Je coucherai cette nuit au palais du gouvernement.

Il se fit un grand tumulte sur la place à cette annonce, mais les gardes repoussèrent la foule, les personnages s'éloignèrent peu à peu. Van Beeren et sa fille regagnèrent l'hôtel où ils étaient descendus. La cour française de Marguerite de Navarre demeura seule près d'elle.

Van Beeren était ravi. La reine lui avait adressé deux fois la parole dans la langue d'Homère. Elle avait eu pour lui les attentions les plus significatives. Il rédigea aussitôt une missive qu'il se proposait de confier à René de Salcède pour le prince d'Orange. On supposait celui-ci à son camp sur la basse Meuse.

IV

UNE VIEILLE CONNAISSANCE.

Cependant les lumières s'éteignirent peu à peu à toutes les fenêtres de la ville apaisée. Urgèle venait de se mettre au lit après avoir raconté à René toutes les splendeurs de cette belle fête, lorsqu'on gratta doucement à sa porte.

— N'ayez point peur, chère enfant, dit une voix de femme, c'est une amie qui vous retrouve.

En même temps, Van Beeren lui-même l'engageait à ouvrir.

— Ainsi, dit-il tout bas, sur le seuil, à une femme voilée ; vous pouvez affirmer à Sa Majesté notre dévouement à son service et au prince son frère. Voici ma fille, madame.

— Les négociations vont durer tout le temps du voyage de la reine de Navarre. Sa Majesté réclame Urgèle comme otage. Elle ne quittera point les Flandres, et lors de l'entrée du duc d'Alençon on vous la rendra. C'est là une condition *sine qua non*.

—Vous me faites des conditions bien dures, madame, répondit le vieux docteur tout tremblant d'émotion.

— Bien dures!! vous plaisantez, illustre maître. Votre fille attachée durant deux mois, comme demoiselle d'honneur, à la personne de la reine de Navarre, cela vous paraît exigeant!! Combien d'autres, à votre place, seraient ravis. Toutes les filles de Flandres nous eussent adressé des suppliques.

C'est moi qui aurai soin de cette belle demoiselle. Nous devons partir dès demain et descendre la Meuse. Ce n'est pas trop de quelques heures pour les préparatifs de ce voyage. Urgèle sera attachée spécialement à la personne de Sa Majesté et ne la quittera ni le jour ni la nuit.

Bonsoir, maître, rentrez chez vous après avoir dit adieu à ce bel ange du bon Dieu; nous comptons sur votre parole.

Van Beeren embrassa sa fille le cœur serré, mais l'intérêt d'Etat primait comme toujours chez ce vieux patriote ses sentiments personnels. Il ne crut pas acheter trop cher l'alliance de cette reine, derrière laquelle se cachait, outre l'alliance française, l'amitié du roi de Navarre, cheville ouvrière de tout ceci. Ils échangèrent un signe de reconnaissance et laissa ensemble l'inconnue et Urgèle, laquelle ne comprenait rien à ce qui se passait autour d'elle.

Lorsqu'elles furent seules, la dame releva son voile, jeta son camail:

— Ne me reconnaissez-vous pas, chère enfant? lui dit-elle.

— Oh! si madame, dit la jeune fille, si, je vous reconnais, vous êtes madame d'Athies.

— Eh bien, n'ai-je pas bien fait, vraiment, de vous attacher à ce beau cortége et de vous emmener à travers les fêtes que nous offre la Flandre?

— Je vous en remercie, madame, dit la jeune fille, bien qu'on ait un peu disposé de moi sans mon aveu.

— Sans mon aveu!! Vous êtes toujours rebelle? mais regardez-moi donc un peu! Toujours idéale, toujours divine. Ah! je comprends l'enthousiasme et le dépit dans lesquels vous avez mis le duc d'Alençon par votre fuite. Mais, qu'est devenu le hardi compagnon qui osa jouer ce tour en plein Louvre à la reine Catherine et qui enferma si bien le pauvre Guitry?

— Celui-là est mon fiancé.

— Peste!! vous êtes fidèles, mignonne, en ce pays ! et patientes.

— Nous sommes les esclaves de notre parole et nos engagements sont irrévocables, mais les événements décident de nous comme dans le reste du monde.

— Et où est-il, ce beau fiancé?

— Il est ici même, près de nous.

— Pourquoi n'a-t-il point assisté aux fêtes durant lesquelles je ne vous ai point perdue de vue?

— Parce qu'il est Espagnol.

— C'est vrai, n'est-ce pas le fils de ce François de Salcède, gentilhomme du duc d'Albe, qui périt par méprise dans la nuit de la Saint-Barthélemy?

— C'est lui-même, madame. Mais il assure qu'il n'y eut point de méprise.

T. II.   5

— Un meurtre alors? Mais qui donc alors a pu le commettre?

— C'est le secret de mon fiancé.

— Savez-vous les projets qui s'agitent entre votre père et nous?

— Je sais qu'il est question d'élever au trône de Flandres un fils de France.

— Nous attacherons ce Salcède... n'est-ce point son nom?

— Si, madame.

— Vous le voyez, j'ai bonne mémoire. Nous attacherons votre fiancé à la personne de Son Altesse le duc d'Alençon et vous serez la plus belle comtesse de la terre. Le duc d'Alençon me saura gré de ma trouvaille et vous aurez bientôt appris qu'on ne refuse pas l'amour des rois.

— Quelquefois, madame. Mais mon père m'a ordonné de vous accompagner, et voici le jour.

Les préparatifs furent bientôt faits. Madame d'Athies emmena la jeune fille.

— Ah! murmura-t-elle, lorsqu'elle eut introduit cette brebis sans tache dans l'appartement de la reine Marguerite, voici qui fera prendre patience à Son Altesse et qui nous venge un peu d'avoir été jouées.

VIII

COMMENT DON JUAN, VICE-ROI DES PAYS D'EMBAS, EMPLOYAIT SA NUIT.

Lorsque tout le monde se fut retiré, de Vargas et son fidèle d'Avalos demeurèrent seuls dans la salle des gardes.

— Voilà, dit d'Avalos, qui est royalement joué, je pense.

— Peuh ! l c'est de la politique, on ne va pas loin avec la ruse. Au temps du duc d'Albe, nous avions l'épée à la main, cela valait beaucoup mieux.

— Oui, tandis qu'aujourd'hui les bourgeois tiennent jusqu'à leurs citadelles.

— Le vice-roi s'est moqué d'eux, il est à craindre qu'ils n'ajoutent ces plaisanteries, bonnes seulement quand on les appuie d'une armée, à leur actif de haine et de récriminations contre nous.

— Que fait le vice-roi ?

— Il dort, d'Avalos, il se repose de ses rudes fatigues. J'en ai assez, mon vieux compagnon. L'heure de la retraite et du dégoût a sonné pour moi.

En ce moment, don Juan d'Autriche entra, tenant à la main plusieurs ordres cachetés.

— Quatre courriers, Vargas, à l'instant.

— Notre cavalerie n'est guère en nombre et propre qu'à ce métier-là.

D'Avalos revint bientôt, amenant quatre cavaliers résolus.

— Tu connais le chemin de Liége, toi? demanda le vice-roi.

— Oui, monseigneur, j'irais les yeux fermés.

— Vas-y les yeux ouverts et veille sur les positions des troupes flamandes qu'on dit être aux environs, tu m'en rendras compte à ton retour.

— Oui, monseigneur.

— Tu remettras cette lettre au gouverneur de Liége, que tu trouveras à trois lieues d'ici, en marche sur Namur. Va.

Toi, tu porteras cette lettre à Dietrich, le capitaine allemand que tu trouveras au bois de la Montée-Verte. Il y a deux lieues à peine.

Toi, tu rattraperas aux portes, cachés dans le prochain village, quinze cents reîtres qui doivent y être arrivés.

N'avons-nous pas deux mille hommes, Vargas?

— Oui, monseigneur, mais les Flamands sont plus de vingt mille en comptant tout.

— Oui, mais derrière les murs de la citadelle, combien de Flamands vaudrons-nous! et que fera la ville? je suis à même alors de la réduire en cendres.

— D'accord, monseigneur, malheureusement la citadelle est aux bourgeois, qui n'en sortiront pas pour faire plaisir à Votre Altesse.

— Peut-être, Vargas, peut-être.

— Il faudrait un miracle, et voici quelque temps, monseigneur, que Dieu n'est plus Espagnol.

— Que ne fera-t-il pour moi, Vargas, qui ai rassuré ses autels ?

Ecoute-moi. La reine de Navarre partira demain pour Liége et descendra dans un bateau pavoisé le cours de la Meuse. Mais elle a manifesté le désir de visiter la ville pour faire honneur aux conseillers municipaux. Notre rôle est tout tracé. Je l'accompagne. Mais elle est précédée d'une garde d'honneur de nos vieux vétérans de Castille, dévoués, farouches et déterminés.

Celte garde ne quitte point la reine. Nous visitons, avec le maïeur, les échevins et les conseillers, la citadelle de Namur, la garde entrant partout la première. Tâche qu'une autre troupe suive et vienne en aide aux Castillans quand ils seront entrés.

Aussitôt que notre drapeau aura remplacé le leur, ce qui n'est que juste, ville gagnée, les autres troupes entreront. Je viens de les mander ici. Mais, de la discipline, Vargas !! Une révolution nous perdrait.

Don Juan sortit aussitôt pour visiter les postes et les troupes.

— Eh bien? fit d'Avalos.

— Ce n'est pas un homme, c'est un diable, s'écria de Vargas. Il le fera comme il le dit.

IX

COMMENT ON RELEVA LA GARDE DANS LA CITADELLE DE NAMUR.

Le lendemain, les trompettes sonnèrent par toute la ville, et la population accourut aux nouvelles réjouissances qui lui étaient offertes.

Le maïeur, les échevins, les notables précédèrent la litière de Marguerite, qui se rendit tout d'abord aux églises, puis dans les couvents. Elle s'arrêta longtemps dans un béguinage qui l'intéressa vivement et dont elle a parlé dans ses Mémoires.

Près de la portière, à cheval, en cuirasse et l'épée à la main, le vice-roi se tenait sévère et attentif.

Lorsque le cortége s'ébranla, un peloton de deux cents Castillans bardés de fer avait pris la tête. Sur ce, le maïeur s'était approché de don Juan d'Autriche.

— Mais, monseigneur, lui avait-il dit, si nous visitons les remparts, les monuments de la ville et notre citadelle, cette troupe espagnole ne peut nous accompagner et surtout prendre le pas sur notre garde civique.

— Pourquoi cela, messire? demanda don Juan avec une souveraine hauteur.

— Mais parce que... nous ne le permettrons pas.

— Vous... ne.. permettrez... pas? Comment avez-vous dit?

— J'ai parlé ferme, monseigneur, Votre Altesse a compris.

— Alors c'est un conflit que vous voulez?

— Non, certes. Mais nous voulons nos droits, nos droits conquis.

— Alors vous voulez que, moi, le vice-roi, je me fasse escorter par vos Flamands. Vous voulez qu'on me croie votre prisonnier. Cela est impossible. Je veux être gardé par les miens.

— Mais, monseigneur, Votre Altesse n'a que faire de deux cents hommes.

Le vice-roi dit quelques paroles à l'oreille de Vargas.

— Soit, dit-il, je diminuerai de moitié. Mais qu'on ne m'en parle plus.

Insister eût été dangereux; le maïeur se tut, et les cent soldats espagnols marchèrent devant le cortége, commandés par d'Avalos.

Arrivés dans l'intérieur de la citadelle, ils prirent position sur l'esplanade, tandis que la reine et sa suite, escortée par les notables qui lui expliquaient le panorama qui se développait devant elle, suivait le rempart.

Marguerite de Navarre sortait la première, à pied cette fois, pour rentrer en ville.

Lorsqu'elle fut hors de la citadelle, les cent hommes d'armes qui la suivaient rompirent les rangs et se répandirent dans toute la citadelle. Un groupe assez nombreux se rapprocha de la porte qui était gardée par la milice bourgeoise.

D'Avalos commandait le groupe.

L'officier de la milice, qui ne s'était point attendu à cet éparpillement soudain des Espagnols dans tous les coins de la forteresse et qui ne commandait guère qu'à une centaine d'hommes, tout le reste des milices étant occupé en ville à rendre honneur à la reine de Navarre et à former la haie sur son passage, commença de s'inquiéter un peu et s'avança vers d'Avalos.

— Monsieur, lui dit-il, il me semble que vous devez réunir vos soldats et les emmener derrière la reine dont vous êtes l'escorte.

— Est-ce un ordre que vous me donnez? interrogea narquoisement d'Avalos, en regardant l'officier entre les yeux.

— C'est une consigne que je vous transmets.

— Savez-vous, monsieur, ce que c'est qu'une garde relevée?

— Oui, monsieur.

— Eh bien! en ce cas, monsieur, que fait-on?

— Mais, répondit l'officier, auquel ce sang-froid du capitaine castillan faisait perdre contenance, on rassemble ses hommes, on rend les honneurs à ceux qui arrivent et l'on s'en va.

— Eh bien, mon cher monsieur, nous sommes la garde montante.

— Ah! ah!! fit l'officier, comprenant le guet-apens, ce n'est pas encore bien certain.

5.

Et reculant vivement :

— La cloche d'alarme, cria-t-il. Aux armes !!

Et il essaya de tirer son épée.

Mais avant que la lame ne fût sortie du fourreau, d'Avalos s'était précipité au-devant de lui et lui avait planté son poignard dans la gorge. Le cri s'éteignit, et l'officier tomba tout d'une pièce.

Mais les miliciens avaient vu la scène et, se sentant trahis, s'étaient précipités dans le corps de garde dont ils barricadaient en toute hâte les portes. Ils n'avaient pas le temps de courir à la cloche d'alarme.

Les autres miliciens de la citadelle, épars et sans défiance dans les salles et dans les cours de la forteresse, étaient au même instant poursuivis, liés ou tués lorsqu'ils essayaient de se défendre.

En moins d'un quart d'heure les Espagnols furent maîtres de la place.

Ils laissèrent les portes ouvertes, et, déguisant avec les habits des morts quelques-uns des leurs, ils les mirent en sentinelle aux points les plus en vue.

Pendant ce temps, l'impassible vice-roi, aussi insoucieux que jamais en apparence, accompagnait la reine et sa suite jusqu'à la Meuse.

Un bateau merveilleux, *tout caparaçonné* de draperies d'or et de velours et tout paré de fleurs rares, attendait la reine.

Le mât de ce navire portait un immense pavillon fleurdelysé. Des musiques de violes et de hautbois embarquées d'avance devaient charmer l'oreille et mener les danses, que ces folles jeunes filles et ces beaux cavaliers mèneraient sur le pont transformé en salon d'honneur.

Huit chevaux magnifiquement harnachés devaient *tirer* le navire le long des berges charmantes de la Meuse.

Au moment où la reine, reconnaissante de l'accueil de ces populations, donnait sa main à baiser au maïeur, aux échevins, à maître Cornélius et remerciait avec effusion le vice-roi, un coup de canon retentit, puis un deuxième, puis un troisième. La citadelle conquise saluait Marguerite.

Appuyée sur madame d'Athies, Urgèle faisait à son père des signes d'adieu. Toute trace de tristesse ou d'appréhension avait disparu de son visage, et Van Beeren lui-même souriait à ce départ. La cause de cette sécurité d'âme n'était autre que la présence d'un beau jeune homme vêtu de velours noir avec le col rabattu des hommes de guerre, la longue épée au flanc, le feutre galamment rehaussé d'une plume d'aigle. Ce jeune homme causait avec la reine et se nommait René de Salcède.

La belle reine, gracieux historien des amours de ce temps, avait, sur la prière d'Urgèle, consenti à ce que le compagnon d'études, l'élève du docteur Cornélius, l'accompagnât également en l'honneur des lettres.

Bientôt le navire descendit majestueusement le fleuve. Lorsqu'il fût à quelque distance de la ville, l'étendard de Castille s'éleva dans les airs sur le donjon de la citadelle de Namur.

— Qu'est-ce que cela veut dire? interrogea le maïeur stupéfait.

— Cela, messieurs, dit à haute voix avec son flegme habituel don Juan d'Autriche, cela n'a rien qui vous doive surprendre. C'est ma bannière qui flotte là-haut par mon ordre.

— Mais nous seuls avions le droit de le donner.

— Je l'ai donné pour vous, et mes soldats sont maîtres de votre citadelle. Philippe II, mon gracieux maître, n'est-il donc pas votre souverain?

— Nous voulons nos franchises!! C'est une surprise infâme!! hurlèrent les bourgeois. Aux armes!!!

— Holà, mes maîtres, rappelez-vous que je puis brûler votre ville et que je ne m'en ferai pas faute.

En ce moment, Vargas avec quatre cents hommes d'armes accourait se ranger autour du cortége.

— Vous êtes mes prisonniers, messieurs, dit le vice-roi.

Et hâtant la marche, il entraîna vers la citadelle le corps municipal ses chefs en tête, et l'y enferma aussitôt avec eux et sa petite troupe. Puis, descendant par une poterne près de laquelle l'attendait un cheval tout sellé, il sortit de Namur sans avoir été reconnu et se dirigea au galop vers les trois mille hommes qui arrivaient de Lorraine au secours de sa cause.

Il était temps. La surprise n'avait pas été de longue durée. Le prince d'Orange, accoudé sur le rempart de la ville, regardait, avec son compagnon mystérieux, l'embarquement de la reine de Navarre.

— Je donnerais bien, murmura-t-il, la meilleure de mes villes pour savoir ce que ce jeune homme agite dans sa pensée. Que nous prépare-t-il?

— Mon cousin, dit le roi de Navarre, dont la finesse narquoise ne pouvait jamais se dissimuler absolument, m'est avis que vous avez un diable à vos ordres. Il s'est emparé de la meilleure de vos villes et vous apprend, à ce prix, que don Juan d'Autriche, par la ruse ou par la force, souvent par toutes deux ensemble, vous va faire une guerre à outrance.

Et du doigt Henri désignait le drapeau qui s'élevait fièrement dans les airs, dominant la citadelle.

— Aux armes! cria de toutes ses forces le prince d'Orange en abandonnant son compagnon et en se précipitant l'épée à la main, à travers les rues. Orange!! Orange!!! sus aux Espagnols!!! Tue, tue!!! à la citadelle! nous sommes trahis !

Cette tête enthousiaste et superbe d'énergie, si connue dans toutes les Flandres, produisit ici son effet ordinaire. Sept à huit mille miliciens furent bientôt autour de lui, criant : Vengeance!

En un instant les bataillons se formèrent et se précipitèrent pour reprendre la forteresse avant que les Espagnols aient eu le temps de s'y fortifier.

Il n'était pas impossible en effet que, dans le premier moment de surprise, on se rendît maître de la citadelle. Les murs étaient vieux, mal flanqués et on n'avait point eu certainement le temps nécessaire, quelle que fût l'activité des Espagnols, de mettre en batterie sur les remparts les pièces d'artillerie et les projectiles nécessaires à la défense.

C'était là-dessus qu'avait compté le prince d'Orange. Il marchait en avant de la première colonne, sans chapeau, sans cuirasse, furieux d'avoir été joué e montait à l'assaut, jurant qu'il ne ferait quartier à personne.

En même temps, on mettait en position des bombardes lançant d'énormes boulets de pierre, on disposait dans les maisons voisines de la citadelle des tirailleurs armés de mousquets. On apprêtait des machines incendiaires. En un mot, on mettait en œuvre tout ce qu'une expérience consommée de la guerre à cette époque pouvait indiquer de moyens d'action.

Comme on approchait des murailles, on reçut un parlementaire envoyé par Vargas. Il était porteur d'une lettre.

« Messires, disait cette lettre, avant de tenter aucune attaque contre la citadelle de Namur, considérez que nous retenons ici, comme otages, le maïeur et les échevins, plus, le très-illustre conseil municipal de Namur, et qu'aux premières attaques contre nous, nous ne manquerons point de faire périr, en représailles, les susdits otages. Délibérez. »

Les miliciens comptaient tous un ami, un parent, un allié dans les soixante notables que don Juan avait entraînés avec lui dans la forteresse de Namur. Il ne fallait point songer à attaquer une place dont leur sang eût été le prix.

Il s'éleva des clameurs de rage, mais l'assaut s'arrêta. On apercevait sur les murailles les échevins et le maïeur enchaînés et servant d'abri aux mousquetaires espagnols, qui se tenaient prêts à faire feu et mèche allumée.

Guillaume d'Orange tenait à sa popularité, c'était assurément parmi ses forces celle qui lui était plus particulièrement chère. Il battit en retraite et abandonna la citadelle à de Vargas.

La citadelle, c'était la ville. On ne pouvait se risquer à la vengeance et au mauvais vouloir des Espagnols, libres d'incendier du haut de ces murs la ville en quelques heures.

Guillaume d'Orange, vaincu, se retira de Namur, emmenant douze mille hommes de milices.

Il en laissait, sous les ordres d'un de ses lieutenants, huit mille pour bloquer la forteresse.

— Nous tenons, disait-il, enfermés dans la citadelle le vice-roi et les principaux généraux du roi d'Espagne, la situation est donc excellente et nous pouvons risquer une campagne, sans témérité.

Sur cette assurance, le prince d'Orange marcha au-devant de l'armée espagnole qui se concentrait de toutes parts vers Charleroy et s'avançait au secours de la citadelle de Namur. Le vice-roi se cachait derrière ses lieutenants, et tandis qu'au camp des Flamands on s'abandonnait à une confiance aveugle, les vieux reîtres et lansquenets allemands s'apprêtaient à la bataille.

X

LA COUR DE LA REINE DE NAVARRE.

On avait disposé pour la reine un véritable palais en miniature, auprès des eaux de Spa, qui n'étaient point alors, ce qu'elles sont aujourd'hui, le rendez-vous d'un monde cosmopolite.

La parfaite solitude des bois environnants, la magnificence du site, que les teintes rouges de l'automne empourpraient de leurs chaudes lumières et de leurs mélancoliques aspects, tout concourait à inviter cette folle jeunesse au repos, aux mélancoliques promenades, aux amours d'octobre qui se ressentent toujours des alanguissements de la nature.

Déjà les grands feux s'allumaient dans les grandes salles frileuses, déjà la longue nuit pressait le jour hâtif, et cependant l'intrigue, cette seconde vie du seizième siècle, ne perdait pas ses droits. Les succès rapides de don Juan d'Autriche désespéraient les Flamands. Négociant d'une main, frappant de l'autre, l'habile prince avait en quelques semaines reconquis le Hainaut et la plus grande partie du Brabant.

Aussi était-ce une allée et venue continuelle, autour de la reine de Navarre, de jeunes et charmantes ambassadrices qui négociaient, tandis que leurs époux bataillaient, opposant leur adresse à celle du vice-roi, comme leurs maris leur épée à ses soldats.

En même temps Marguerite écrivait lettres sur lettres à son frère Henri III, au duc d'Alençon qu'elle pressait d'arriver ; aux Guise même, dont elle réchauffait le zèle français, en leur faisant voir que le triomphe de Juan d'Autriche serait le signal d'une attaque contre leur Lorraine.

Aussi les allées et venues de cavaliers, de gentilshommes et de savants envoyés si volontiers par elle et près d'elle, jointes à ces visites de tant de belles jeunes femmes, occasionnaient-elles des fêtes auxquelles le vice-roi lui-même, but de tant d'intrigues hostiles, ne dédaignait pas de venir prendre sa part, feignant d'ignorer ces trames et jouant au milieu de ces filets comme un jeune lion pris en des toiles d'araignées.

C'était merveille de voir ce beau jeune homme, désigné à la mort par tant de poignards, venir à la charmante reine, désarmé, couvert de satin et de bijoux, et, n'eût été sa splendide renommée, plus semblable à un mignon du Louvre qu'au général victorieux de Lépante.

Au milieu de cette foule dorée, armoriée, un gentilhomme venait de temps à autre, lorsque ses visites aux places fortes, aux forts, aux arsenaux flamands lui en laissaient le loisir. Celui-là semblait un peu dépaysé dans ces bals et dans ces festins, dont Sa Majesté très-chrétienne le roi Henri III payait les violons.

Ce cavalier en habit gris était Henri de Navarre, philosophe couronné, sceptique par goût et muet par politique, observant beaucoup et ne parlant point. Interrogé, il avait coutume de répondre :

— Je ne connais rien à toutes ces affaires flamandes, mon royaume n'est point de ce côté. Si Margot s'amuse et veut jouer son rôlet, je n'ai point l'intention de l'en empêcher. C'est une bien grande dame pour un pauvre roitelet tel que moi.

Et c'est ainsi qu'il s'en tirait.

Mais il ne fallait pas s'y fier; on connaissait une petite porte secrète par où le cavalier gris de fer rentrait chez sa femme pour causer des choses du temps, et la belle Marguerite ne dédaignait pas de suivre de point en point ses avis.

Aussi, lorsqu'on vantait devant elle la haute intelligence et la prévoyante adresse du vice-roi, répondait-elle souvent :

— C'est vrai, je ne connais qu'un homme en Europe qui vaille celui-là, ce serait véritablement un curieux spectacle que les voir aux prises.

Et quand on insistait près de la princesse, elle se contentait de sourire.

— Celui-là signera son nom de ses œuvres et mes pronostics ne signifient rien.

Madame d'Athies était l'âme damnée de cette politique. Habituée par la reine Catherine à la négociation des affaires secrètes, la dame d'honneur, alors dans tout l'éclat de ses trente ans, se trouvait à la petite cour de Spa comme dans son plus naturel élément.

On ne lui connaissait pas d'amant en titre, et cependant de mauvaises langues annonçaient que, passé minuit, par une douve du château qu'habitait Marguerite, s'introduisait un gentilhomme enveloppé d'un long manteau de couleur sombre, se dirigeant par les corridors particuliers jusqu'à l'appartement de madame d'Athies.

Était-ce affaire de brouillard ou bien excès de précautions, mais les curieux en étaient pour leurs tentatives, et nul ne pouvait se vanter d'avoir vu pénétrer le cavalier chez la dame d'honneur.

Au milieu de tout ce monde affairé, dissimulé, inquiet ou intrigant, il y avait certainement deux heureux.

C'étaient Urgèle et René.

René de Salcède occupait près de Marguerite les fonctions de secrétaire particulier. Il rédigeait avec la princesse une partie de cette multiple correspondance, que cette souveraine entretenait, dans toutes les langues vivantes ou mortes, avec l'Europe. Instruit depuis cinq années à l'école de Van Beeren, le jeune homme faisait par ses immenses connaissances et ses aptitudes l'admiration de Marguerite elle-même.

Le matin, tous deux travaillaient. C'est là qu'on renouvelait ce Décaméron de Boccace par une adaptation à l'esprit français qui paraîtrait licencieuse, surtout en se souvenant que l'auteur est une femme et une reine, si l'on ne faisait la part de ce siècle de Rabelais, qui poussa plus loin que tous les autres le culte de la forme et l'amour païen.

A huit heures, les deux enfants s'en allaient à cheval par les grands bois pleins de rochers et d'arbres énormes, où les ramiers nichent, où les fauvettes gazouillent dès que vient un rayon de soleil sous la ramée.

Ils galopaient ensemble côte à côte, puis, les mains enlacées, les rêves communs, les souvenirs semblables, ils se disaient pour la millième fois leur âme.

— Je t'aime, Urgèle, disait René.

— O René!!! mon doux René, que ce bois est charmant, que la lumière est pure et douce au regard, que cet air qu'on respire apporte de sensations et de pensées délicieuses!

Et puis l'on parlait de l'avenir, du mariage que patronnait décidément la bonne reine, laquelle écrivait à Van Beeren qu'elle signerait au contrat et qu'elle doterait Urgèle, son gentil otage, et cet Espagnol, aussi savant qu'un vieux bénédictin, à l'âge où les jeunes gens ne sont encore qu'à peine hors de page.

Quelquefois le cheval d'Urgèle venait à butter dans les chemins difficiles; le jeune homme entourait alors d'un bras vigoureux la taille de sa fiancée pour la soutenir, et l'ombre, le silence aidant, on échangeait un baiser.

Mais alors, Urgèle s'éloignait au galop de son ami, et la fête était terminée.

L'un comme l'autre s'en remettait à Dieu de leur destinée : à Dieu qui leur faisait la vie si charmante, le ciel si bleu, l'avenir si facile.

Et pourtant, depuis quelques jours, René pâlissait et changeait de visage. Il devenait morose et sombre, et ne répondait qu'à peine à la jeune fille, lorsque celle-ci l'interrogeait sur ses chagrins cachés.

— Je n'ai rien, vous dis-je, rien absolument.

Mais qui peut tromper la clairvoyance d'une femme aimante?

Urgèle sentait, par instant, je ne sais quel regard soupçonneux et inquiet peser sur elle, et toute sa pure conscience ne suffisait pas à la rassurer sur ce qui pouvait se passer au fond de l'âme du jeune homme si loyal et si franc, qui se taisait et refusait d'être sincère.

Aussi la pauvre Urgèle pleurait-elle seule souvent et n'osait s'ouvrir à personne sur son grand chagrin, car, c'est, en vérité, chose délicate et secrète que ces cœurs de vingt ans lorsqu'ils aiment.

Elle n'avait vraiment pas absolument tort de s'inquiéter.

Voici ce qui était arrivé. L'appartement d'Urgèle était situé dans le voisinage de celui de madame d'Athies.

René avait l'habitude d'attendre dans le parc, que les lumières de cette partie du château fussent éteintes, pour aller lui-même retrouver son étroite chambre sous les toits.

Souvent Urgèle, qui n'ignorait point ce détail quotidien de la vie de René, entr'ouvrait son rideau et jetait ses regards sur les massifs, où errait en compagnie de quelques autres énamourés le *patito*. Or, une nuit que le jeune homme, bravant un froid assez vif, s'était trouvé seul à ce tacite rendez-vous, il distingua deux ombres qui prenaient mille précautions pour dissimuler leur présence.

René n'était point curieux, mais il ne fallait point un long séjour auprès de Marguerite, tout imbue des traditions italiennes, pour prendre méfiance de tout et rapprocher le crime du plaisir. Ce qui n'eût été que la réunion de deux amoureux ne nécessitait à cette cour facile, ni tant de mystères, ni tant de détours. Il suivit donc, mordu d'un soupçon, les tortueux circuits des deux personnages, qui le conduisirent à la douve dont nous avons parlé plus haut.

Là, il sembla au jeune homme reconnaître la voix de madame d'Athies.

Quoi que fît celle-ci, René ne pouvait oublier le rôle qu'elle avait, en 1572, joué auprès de la jeune fille et son abandon entre les mains du duc d'Alençon. Quelle ne fut pas sa surprise et sa jalousie lorsqu'il entendit distinctement la voix de madame d'Athies dire ces paroles :

— Monseigneur, donnez-moi la main et descendez avec précaution, l'échelle est solide et un accident serait irréparable.

— Merci, charmante femme, répondait une voix que René, malgré toute son attention, ne put reconnaître.

Les deux interlocuteurs pénétrèrent ensuite dans le château par l'issue secrète dont nous avons parlé.

— Monseigneur? se demanda René. De quel monseigneur peut-il être ici question? Madame d'Athies introduit la nuit dans le palais de la reine un cavalier inconnu, qu'elle qualifie aussi respectueusement. Quel peut être cet homme?

De là à s'imaginer que monseigneur n'était autre que

le duc d'Alençon, attendu sous le sceau du secret; à penser que le duc était introduit la nuit dans l'appartement d'Urgèle par la dame d'honneur, courtisane dévouée des princes de Valois, il n'y avait en réalité que la main.

Au jour, le personnage sortit, reconduit avec les mêmes précautions respectueuses. Au moment où le jeune homme allait se présenter à lui et le reconnaître, le cavalier trouva tout à coup un cheval dissimulé sous les arbres, piqua des deux et disparut dans la nuit.

René passa plusieurs nuits à guetter le retour de l'inconnu. Il ne revint que le quatrième soir. Comme la première fois, madame d'Athies sortit du palais par la porte secrète et se dirigea vers les hauts sapins du parc, où elle trouva le gentilhomme masqué et enveloppé de son manteau ; mais au moment où tous deux allaient pénétrer dans le château, une ombre se dressa devant eux.

— Holà, messire, demanda une voix, où allez-vous?

Le gentilhomme fit un pas en arrière et tira rapidement son épée. Madame d'Athies se jeta entre lui et l'homme qui les arrêtait ainsi, en poussant un cri d'effroi.

— Qui êtes-vous? demanda-t-elle, et pourquoi vous permettez-vous de nous barrer ainsi le passage ?

René ne répondit rien, il avait l'épée à la main; il en abaissa la pointe vers la terre.

— Monseigneur, dit-il, pardonnez-moi cette violence, mais je suis ici, comme tous les gentilshommes de la reine de Navarre, le gardien de ce palais, je ne puis vous laisser entrer sans que vous vous soyez nommé et que vous n'ayez, sous le sceau du secret confié à mon honneur, déclaré les motifs qui vous font venir ainsi la nuit comme un voleur.

— Vous me connaissez, dit la voix, puisque vous m'avez appelé monseigneur. Dès lors, que vous importe?

— Il m'importe beaucoup, monseigneur. Daignez m'écouter. Il y a dans ce palais, à titre d'otage secret, une jeune fille que j'aime et que je dois épouser; je l'aime depuis l'enfance et j'ai sacrifié pour elle des intérêts, des souvenirs puissants ; j'ai ajourné des vengeances terribles. Cette jeune fille, elle, est sous l'égide de la reine de Navarre et sous la garde de madame d'Athies, que voilà.

— C'est M. de Salcède, murmura la dame d'honneur qui respira enfin.

L'inconnu lui fit signe de se taire et de laisser parler René.

— Ce n'est pas la première fois, continua le jeune homme, que j'ai à me plaindre des tentatives de Votre Altesse.

Elle se souviendra de cette nuit terrible, où le prince et le gentilhomme, adolescents tous les deux, se sont trouvés en présence dans une chambre du palais du Louvre, où déjà, madame étant votre complice, votre complaisante, vous n'avez pas craint d'attenter par la violence à la vertu de ma fiancée.

Malheureusement j'étais présent et je vous ai reproché votre félonie, je vous ai châtié.

6

Aujourd'hui je vous retrouve, conduit par madame d'Athies, introduit clandestinement dans ce palais isolé.

Où vous mène cette femme, monseigneur?

Ce corridor, où vous allez entrer, ne conduit qu'à la chambre à coucher de la reine, à celle de madame, ou bien à la chambre d'Urgèle Van Beeren, ma fiancée.

La reine est votre sœur, la vertu de madame est vraiment trop facile pour qu'il soit bien nécessaire de venir la nuit par de tels chemins au-devant de ses faveurs. Il ne reste donc qu'Urgèle. Voilà la cinquième fois que Votre Altesse pénètre ici comme un larron d'honneur. Je vous ai guetté, je vous ai suivi, monseigneur; un gentilhomme en vaut un autre; l'honneur d'une femme ne saurait avoir de nom. Vous n'entrerez que sur mon corps. Voilà donc pourquoi l'on vous attendait!!! Voilà les nobles projets que vous formiez!! Rougissez, monseigneur.

Et résolûment, l'arme haute, le jeune homme se plaça devant la porte entr'ouverte, prêt à mourir s'il le fallait, mais confiant dans sa force et dans son adresse.

Le personnage qui accompagnait madame d'Athies recula de quelques pas.

— Que faire? demanda-t-il en italien.

— Je ne sais, répondit la femme; quel fou!! Voilà un contre-temps.

— Je ne puis pourtant me nommer.

— Cet homme vous prend pour un autre, monseigneur; pour le duc d'Alençon.

— Pour le duc d'Alençon? Mais alors que signifient les dernières paroles de ce jeune homme? Marguerite attendait donc son frère? Pourquoi ne m'en a-t-elle rien dit? Quels sont ces projets dont parle le gentilhomme?

— Rien, monseigneur, rien, répondait madame d'Athies horriblement embarrassée; ce jeune homme a la tête perdue par la jalousie, il vous est facile de vous en apercevoir.

— Je m'aperçois fort aisément, en effet, que ce jeune homme a été grièvement offensé dans la personne de sa fiancée ou de sa maîtresse par le duc d'Alençon, et je vous répète qu'on attendait à mon insu ce prince. Dans quel but? dans quelles intentions politiques? Voilà ce qu'il importe de savoir, belle dame, et ce pour quoi vous êtes payée, ce me semble?

Ces dernières paroles furent dites avec une suprême hauteur et d'un ton un peu plus élevé. René les entendit. Il parlait l'italien comme sa propre langue.

— Je me suis trompé, monseigneur, dit-il en s'avançant; je vous prie de pardonner à une passion qui paraîtrait bien naturelle pour qui connaît ma charmante fiancée, et d'agréer mes humbles excuses. Où faut-il escorter Votre Altesse?

Le personnage, en se voyant compris, n'avait pu retenir un brusque mouvement de surprise.

— *Per Baccho*, murmura-t-il, de l'esprit, de la science et de l'adresse. Quel est ce gentilhomme?

— Le secrétaire de la reine, monseigneur, souffla la jeune femme.

— Mais il a découvert où j'allais. Et il me semble

qu'il a deviné jusqu'à mon nom. En ce cas, il ne faut pas qu'il puisse le dire à d'autres.

Et s'avançant au devant de René :

— Monsieur, lui dit-il, vous avez surpris un secret qui n'est pas le mien seulement et que je n'ai pas le droit de laisser courir. Je vais, je l'espère, vous le reprendre. S'il arrivait, au contraire, que dans notre combat je vinsse à laisser ma vie, je demande que vous me juriez ici que ce secret restera ce qu'il est encore aujourd'hui.

— Monseigneur, répondit René, qui mit un genou en terre et jeta son épée, à Dieu ne plaise que je consente à tirer l'épée contre le premier prince de la chrétienté. Don Juan d'Autriche est sacré pour tous.

Si ce prince félon et infâme que j'attendais ici s'y fût trouvé avec les intentions perfides que je lui supposais, j'eusse accepté avec enthousiasme l'occasion qui se fût offerte de me venger en soldat. Mais s'il ne s'agit que de votre secret, monseigneur, il est aussi en sûreté dans ma poitrine que dans la vôtre. Si vous en doutez, si vous craignez que je ne le divulgue, tuez-moi, monseigneur. Je renonce à défendre ma vie contre votre épée.

— Diavolo, murmura don Juan d'Autriche, me voilà condamné à la générosité. J'aurais mieux aimé la bataille. Enfin, ce jeune homme me semble loyal.

— Entrons, monseigneur, dit vivement madame d'Athies, d'autres peuvent survenir.

— Personne ne suivra Votre Altesse, j'y engage ma foi, murmura le jeune homme.

Le vice-roi pénétra dans le palais où toutes les lumières, sauf celles de la chambre à coucher de la reine, étaient éteintes.

En entrant dans cette chambre, il dépouilla d'un geste gracieux le long manteau qui l'enveloppait. Il apparut en costume de velours violet garni de rubans ponceau, avec une courte épée à poignée d'ivoire et d'or offerte au vainqueur de Lépante par le pape.

Marguerite vint au devant de lui.

— L'attente me paraissait longue, mon beau cavalier, lui dit-elle en lui tendant la main.

Le vice-roi mit un genou en terre pour baiser cette belle main.

— Je voudrais, répondit-il, que rien ne nous séparât, ma divine princesse, et je consentirais à ne vivre qu'une année, si j'étais sûr de la vivre à cette place, où je vous jure que je vous aime passionnément.

Madame d'Athies expliqua en peu de mots ce qui venait de se passer.

Marguerite sourit.

— On peut se fier à la discrétion de ce jeune homme, dit-elle. N'ayez souci, mon beau Juan.

Le prince s'assit à ses pieds sur des coussins de velours, et la dame d'honneur s'étant retirée, la conversation amoureuse, étrangement mélangée de politique, s'échangea entre eux.

— Pourquoi m'avez-vous caché, mon cœur, que le duc d'Alençon est attendu à Spa?

— Chut! c'est un secret.

— Quel secret? j'eusse aimé à rendre à votre frère

les mêmes honneurs qu'à vous-même. Pourquoi cet incognito?

— Il n'y a point d'incognito, mais je vous répète qu'il y a un secret. Le roi de Navarre vient souvent ici.

Don Juan fit un brusque geste d'étonnement.

— Je le savais en Flandre, dit-il, mais j'ignorais qu'il fût si bon mari et que Votre Majesté ne pût se passer de sa présence.

— Vous êtes jaloux, mon beau Juan? interrogea Marguerite en prenant entre les siennes les mains du jeune homme.

— Jaloux, certes!!! Mais je ne m'attendais point à l'être d'Henri de Navarre.

— Hélas! mon mari l'est aussi, et vous savez que, parmi ses défauts, mon frère d'Alençon, qui n'a pourtant qu'à choisir autour de lui, a celui d'être amoureux de moi. Si étrange que cela paraisse, cela est, et le roi de Navarre, qui déteste d'Alençon, est décidé paraît-il, à le guérir de sa folie.

— Ouais!!! pensa le vice-roi, le duc d'Alençon et le roi de Navarre ensemble; cette fine mouche avec eux. Il y a quelque trahison qui nous menace. Ce duc d'Alençon me paraît un prétendant plus sérieux que ceux qu'on annonce.

En habile homme, il fit semblant d'être convaincu de la franchise de la reine, soupa d'un *media noche* en tête à tête avec elle, écouta ses madrigaux, lui chanta des barcarolles, et, après mille baisers, mille serments échangés avec la galante princesse, la quitta avant le jour levé.

Dès qu'il fut parti, Marguerite sonna vivement.

— Un courrier, fit-elle à madame d'Athies.

Celle-ci était demeurée debout. Elle accourut.

— Il sait tout, dit-elle, il a deviné notre trame, d'Alençon est perdu s'il entre dans les Flandres, les émissaires du vice-roi le tueront. Que faire, mon Dieu! Le roi de Navarre n'est point là. Je ne sais à qui demander conseil. J'avais espéré m'emparer de l'esprit de cet homme, mais il est insaisissable.

— Voulez-vous me permettre un conseil, madame?

— Donne, si tu le crois bon.

— Ecrivez à la reine Catherine.

On vint annoncer à la reine que le courrier était prêt à recevoir ses ordres.

— Pourquoi donc ce courrier? demanda la dame d'honneur.

— Je le voulais expédier à mon frère pour retarder son voyage, je tremble pour sa vie s'il vient ici.

— La reine Catherine nous tirera tous d'embarras, ce courrier sera pour elle. M'est avis que le salut, cette fois, comme les autres, viendra de votre mère. Elle est la providence de sa famille.

Marguerite écrivit à la reine-mère, en lui racontant les événements que nous venons d'exposer au lecteur. Elle demandait un conseil.

Cet avis ne se fit pas attendre.

Dix jours plus tard, le courrier revenait.

L'avis ne contenait que deux lignes, mais elles en valaient cent.

« — Je vous envoie votre frère d'Alençon, ma fille.

S'il plaît à Dieu, qui nous a toujours protégés, l'obstacle que vous redoutez s'aplanira tout seul avant son arrivée. Je veille. »

Sans qu'il fût besoin de lui parler de ses amours avec don Juan d'Autriche, Marguerite jugea bon de raconter leurs conversations au roi de Navarre. Elle lui montra la lettre de la reine Catherine.

— Dieu nous préserve de l'enfer, dit celui-ci, qui devint pâle, et des veilles de madame Catherine !

XI

DE L'INCONVÉNIENT DES GANTS DE SENTEUR

Cependant don Juan d'Autriche, sans discontinuer ses visites et sans montrer la moindre défiance, avait pris de grandes précautions. Il avait envoyé au roi d'Espagne avis des menées qu'il prévoyait et de l'ambition de la cour de France.

Il était résolu, non point à tuer le prince lorsqu'il paraîtrait dans les provinces, ces procédés étaient particuliers à la cour des Valois; Philippe II n'y arriva que le jour où, la force lui manquant à son tour, il fut forcé d'agir de ruse ; mais de l'enlever et de ne le reconduire en France qu'après qu'il se fût engagé publiquement, sous la foi du serment, à renoncer au trône ducal des Pays d'Embas.

Il supposait, avec quelque apparence de raison, que le jeune homme dissimulerait son voyage.

De Vargas avait, en conséquence, préparé des embuscades sur tous les chemins. Ce fut alors qu'on apprit que le duc d'Alençon s'était mis en marche avec une suite nombreuse et un grand apparât pour venir visiter la reine de Navarre.

On tint conseil à Liége.

Don Juan fut d'avis de lui interdire l'entrée des Flandres.

Des bruits se répandaient de toutes parts que toute une fraction de la noblesse et des provinces se décidaient en dessous main pour sa candidature.

Cette suite nombreuse, dont le prince devait être entouré, n'était autre que l'état-major d'une armée considérable, que le roi Henri III envoyait en Flandres au secours des partisans de son frère.

— S'il faut une bataille, disait le vice-roi, je l'aime mieux loyale, à ciel ouvert. Je lèverai le masque et je déclarerai mes certitudes, je donnerai, s'il faut, mes preuves.

A quoi le fin d'Avalos répondait :

— Certes une lutte est inévitable ; mais puisque l'on agit vis à vis de nous en usant de si ténébreuses perfidies, il faut lutter avec les mêmes armes. Il faut laisser entrer cet état-major et ce prince félon, laisser pénétrer ses bandes dispersées dans toutes les provinces, puis tout à coup lever le masque, déclarer au duc d'Alençon que ses calculs nous sont connus, attaquer séparément ses soldats et le retenir prisonnier, hardiment. Les demi-mesures seraient alors les pires.

— Mais la France ? demanda don Juan.

— Henri III ne s'attend point à une guerre ouverte. Il est trop efféminé pour la vouloir soutenir. Il désavouera son frère. Les Flandres commencent à reconnaître votre génie et votre modération. Elles seront bientôt fières d'être sous vos ordres. Vous êtes un drapeau, et, s'il leur fallait absolument l'indépendance, un jour viendrait où elles se rejetteraient d'elles-mêmes dans vos bras, parce que vous êtes le grand catholique, celui de Lépante, et, qu'à tout prendre, Guillaume d'Orange, malgré son patriotisme, n'est et ne sera que le chef des Gueux réformés.

D'Avalos disait vrai. Les Flamands commençaient à se fatiguer des guerres civiles, et, plutôt que de soutenir une lutte avec l'Espagne, où ce qui leur restait de prospérité ne manquerait pas de succomber, il ne manquait pas de citoyens devenus partisans d'un accommodement avec le vice-roi.

Mais il est bon d'ajouter que le vice-roi seul avait ce privilége à cause de sa gloire. Ses compagnons continuaient à porter le poids des mauvais souvenirs.

Don Juan comprit que son conseiller avait raison.

Le jour où la nouvelle lui parvint de l'arrivée prochaine du duc d'Alençon, venant visiter sa sœur aux eaux de Spa, le prince vint, avec une suite de trente gentilshommes admirablement vêtus, remercier la reine de Navarre du nouvel honneur rendu à la Flandre par la visite du très-haut et très-puissant prince.

La reine reçut magnifiquement don Juan. Elle invita les seigneurs qui l'entouraient à prendre une collation et entraîna le vice-roi dans les jardins.

— Vous respecterez le duc? demanda-t-elle soudain en se tournant vers lui avec son irrésistible sourire. Est-ce juré?

— Le duc ne vient-il pas sur une terre d'Espagne ? répondit le vice-roi d'un air de surprise parfaitement jouée, et n'est-il pas en sûreté partout où je commande? Le duc d'Alençon sera reçu et respecté comme il le mérite, madame; en ami, comme vous-même.

— Vous le jurez? insista la reine Marguerite avec émotion; c'est moi, votre amie, votre amante, qui vous le demande.

— Madame, répondit don Juan très-pâle, vous mettez ma franchise à une rude épreuve, et mon amour à la torture!

— Si le duc d'Alençon était porté au trône des Flandres par la majorité de vos provinces, que feriez-vous, don Juan?

— Je le combattrais à outrance.

— Mais on peut venir ici même lui offrir le trône?

— Je l'arrêterais de ma main, comme prisonnier de guerre, puisque Votre Majesté me fait l'honneur de m'interroger.

— Ce sera peut-être la guerre, dit Marguerite, car le roi Henri III le délivrerait avant que l'Espagne vous ait pu secourir.

Les temps qui nous vont séparer sont proches, don Juan, prenez cette rose, et qu'il vous souvienne de moi. Votre âme est loyale, royale même, mon cousin.

Et, cueillant une rose d'automne qui tremblait de froid sur sa tige, elle l'offrit au vice-roi, qui ôta, pour la recevoir, ses gants de peau de daim.

Dans le mouvement qu'il fit pour attacher cette rose à son pourpoint, ses gants tombèrent et furent légèrement tachés de terre et d'eau.

Madame d'Athis les ramassa vivement et les rendit

au prince avec un profond salut, non toutefois sans
avoir épongé la souillure avec son mouchoir de fine
dentelle.

Le prince remercia et quitta la reine.

Marguerite, après son départ, poussa un profond
soupir.

— Le voici, dit-elle, en guerre avec ma mère, le
pauvre prince ; puisse-t-il échapper à Catherine, car, en
vérité, je me sens pour lui d'une grande compassion.

Madame d'Athies sourit, mais ne répondit point.
Marguerite ajouta :

— Mon frère arrive dans trois jours ; ce prince est si
habile, que le pauvre François court grand risque, et,
si ma mère le veut secourir, je tremble qu'elle n'arrive
trop tard.

— La reine Catherine sait son heure et arrive à
temps, dit froidement madame d'Athies avec son
énigmatique sourire.

— Mais quel moyen peut employer la politique de
ma mère pour retenir la puissance du vice-roi, alors
que mon amour lui-même et toutes les séductions qui
peuvent agir sur un héros tel que lui n'ont pu réussir ?

— Sait-on ce que peut la reine Catherine et quels
mystérieux agents viennent à son secours dans les circonstances critiques ?

— Tu sais quelque chose, d'Athies, et tu me le
caches, interrompit la reine.

— e ne sais rien, et je prie Votre Majesté de me
croire sa très-humble servante.

En ce moment, on entendit dans la cour d'honneur

T. II.   7

du château un bruit de chevaux et la garde d'honneur prit les armes.

Le roi de Navarre entrait au palais.

Il se dirigea vers l'appartement de la reine.

Marguerite lui tendit la main.

— Du nouveau ! sire, fit-elle à voix basse, en congédiant du geste madame d'Athies.

— Qu'y a-t-il, chère Marguerite ?

— Il y a que les Espagnols vont attaquer le duc d'Alençon les premiers, et que le duché de Flandres en faveur de mon frère me semble singulièrement aventuré. Don Juan est sur ses gardes.

— Diable !! Henriquet ne fera jamais la guerre à l'Espagne, voilà par contre-coup mes amis de la réforme bien aventurés. On dit qu'il arrive de grosses troupes d'Allemagne au secours du vice-roi. L'empereur ne saurait oublier le service qu'a rendu le vainqueur de Lépante. Vous avez vu don Juan ?

— Je l'ai vu.

— Votre mère vous a-t-elle donné quelque sage conseil ?

— Mieux que cela ; ma mère m'a dit de me rassurer.

— Le temps n'est guère à la confiance, cependant.

— Elle a ajouté que l'affaire la regardait seule désormais.

— Elle a dit cela ? fit brusquement Henri.

Marguerite, pour toute réponse, lui tendit la lettre de sa mère.

— Mais, ventre-saint-gris !! s'écria le roi de Navarre, don Juan d'Autriche est un galant homme, et c'est un homme perdu !!

— Perdu !! cria la reine en saisissant le bras de son mari ! Que dites-vous là et quelle est donc votre pensée?

Le roi de Navarre hésita un instant. Il était visible qu'un violent combat se livrait en son esprit.

— Parlez, Henri, parlez, vous me faites mourir de frayeur !! Quelle machination nouvelle et terrible soupçonnez-vous ici?

— Hélas ! fit avec tristesse le roi de Navarre, avez-vous pu penser que la reine Catherine se servirait d'ambassadeurs et d'arguments vis à vis de ce redoutable adversaire ? -

— Mais que pouvais-je imaginer d'autre ?

— N'aviez-vous donc plus souvenance de la manière dont est morte Jeanne d'Albret, ma mère ?

— Oh !! fit Marguerite, qui cacha son visage dans ses mains. Le poison !! encore le poison !!! cela est impossible. Cet homme a été le bras de Dieu lui-même.

— Vous avez raison et vous êtes généreuse, ma mie, je le savais. Il ne faut pas que le vice-roi meure de la même façon que ma mère. Il faut prévenir le vice-roi.

— Oh ! oui, Henri, courez; c'est le plus galant homme de l'univers !

— Quel enthousiasme !! belle reine ; vous me donneriez en vérité de la jalousie, si je ne connaissais votre vertu. Mais peut-être est-il trop tard? Le vice-roi n'est-il pas déjà venu au château?

— Il était près de moi, il y a une heure à peine.

— Que Dieu le sauve, ma mie, c'est plus qu'il n'en faut.

— Mais il n'a vu que moi... et madame d'Athies, répondit en rougissant la reine.

— Madame d'Athies !!! En vérité, le vice-roi ne nuira plus à personne, s'écria douloureusement le roi de Navarre. Ce n'est point la peine de se trahir désormais.

— Mais, puisque je vous affirme, mon ami, que don Juan ne m'a point quittée.

— Personne n'est entré durant sa visite ?

— Personne, si l'on excepte madame d'Athies qui l'a introduit ici.

J'avais encore un reste d'espoir de le convertir à notre cause, dût-on partager les Flandres.

— On n'a offert au prince aucun rafraîchissement ? dit le roi contenant sa pensée.

— Aucun, sire.

— Aucune fleur ?

— Si fait, sire, une rose, mais c'est moi qui l'ai cueillie sur sa tige. Il l'a reçue en se dégantant et presque un genou en terre. Il a poussé la galanterie jusqu'à jeter à terre ses gants de senteur que d'Athies a relevés et rendus tout souillés.

— Madame d'Athies a tenu les gants du vice-roi !! Ne cherchons plus, ma mie, fit le roi avec désespoir.

— Madame d'Athies aurait osé !!! s'écria la reine avec un geste foudroyant.

Henri haussa les épaules.

— Madame d'Athies n'est rien ; vous savez bien que

le bras n'est point coupable quand la tête de Catherine commande.

— Courez, Henri, je vous en supplie, voyez s'il est temps encore d'arrêter le mal auquel votre assurance me ferait presque croire, car je connais votre génie.

Henri secoua la tête avec découragement.

— Nul ne répare ce que découd votre mère, Marguerite.

Cependant le vice-roi était rentré à Liége, et de suite il avait mandé près de lui de Vargas, d'Avalos et les principaux chefs espagnols. Il écoutait les rapports qui lui arrivaient de toutes parts sur l'état du pays.

— Dans un mois, messieurs, dit-il, nous reprendrons la campagne avec cinquante mille hommes.

Un hurrah d'enthousiasme s'échappa de toutes les poitrines, lorsque don Juan eut lu la lettre par laquelle l'empereur l'avertissait qu'il avait autorisé les princes évêques et le comte Palatin à lui fournir les troupes nécessaires à rétablir la libre pratique de la foi dans les Pays-Bas.

— Maintenant, messieurs, une dernière nouvelle. On m'apprend que le prince d'Orange, dont je ne puis m'empêcher d'admirer l'indomptable courage, s'est jeté dans Berg-op-Zom avec un grand nombre de gentilshommes de la réforme. Voilà, sans attendre davantage, une belle occasion de nous mesurer avec nos ennemis, avant que tous les contingents de Flandres ne soient venus grossir le nombre de nos adversaires sous la bannière de leur chef préféré. Je vais à l'instant prendre moi-même la direction du siége.

On apporta au prince ses magnifiques armes damasquinées.

Au moment d'agrafer sa cuirasse, don Juan s'arrêta et passa vivement la main sur son front qui se mouillait de sueur.

— Un étourdissement, fit-il, en se retenant à la table du conseil; que veut dire cela ?

On s'empressa autour de lui.

— Laissez, dit-il énergiquement, j'en viendrai bien à bout; don Juan n'a point le temps d'être malade.

Mais il devint soudain d'une pâleur livide, puis un flux de sang lui jaillit du nez et de la bouche.

Les généraux qui l'entouraient se regardaient consternés.

Malgré le sourire et l'expression de haute lutte contre le mal qui se peignait sur les traits du vice-roi, on comprenait que le cas était grave.

Un médecin fut appelé, qui déclara que c'était le produit de quelque fièvre maligne et que le repos guérirait le prince.

— Dieu vous entende, murmura le jeune héros, dont les atroces douleurs internes devenaient plus vives à chaque instant.

Malgré ses efforts, il lui fut bientôt impossible de se tenir debout. Le feu lui brûlait les entrailles.

Alors commença une scène épouvantable. Il jeta l'un après l'autre les habits qui le gênaient comme une tunique de Nessus. Il poussait des cris affreux auxquels succédaient des plaintes d'enfant.

— Mourir !! s'écria-t-il, mourir !!! à mon âge !! quand

une telle destinée m'attend. Mourir après Lépante !
Qu'ai-je donc fait au ciel !

Il y eut deux ou trois acalmies dans ses souffrances,
répit que donnait parfois la marche capricieuse du
poison.

Alors il pleurait et parlait de la petite maison de
Ratisbonne dans laquelle, enfant obscur, ignorant de
son illustre origine, il avait vécu de la vie des humbles
et des heureux.

— Ah ! murmurait-il, pourquoi n'y suis-je point
encore !! Quel est ce feu dont je suis brûlé ? La jalousie
fait son chemin et je meurs d'une main auguste.

Il accusait alors avec un emportement extrême
Philippe II, qui lui montrait depuis quelque temps
comme une haine sourde et une envie profonde.

Philippe II, naguère son meilleur ami, son frère,
qui l'avait tiré du néant pour le faire asseoir pour ainsi
dire, tant furent grands les honneurs et les avantages
qu'on lui rendit, sur la même pourpre que lui-
même.

— Bourreau !!! criait-il, assassin ! Il fallait ne point
me laisser entrevoir la gloire si tu devais un jour me
tuer avec elle. Voilà donc comment tu récompenses mes
services. Dieu te punira, cruel prince !

Jamais il ne montra qu'il soupçonnait la plus illustre
criminelle de ce temps, Catherine de Médicis, de sa
perte. Il n'y eut que d'Avalos, esprit toujours en éveil,
imagination inquiète, qui soupçonna quelque chose de
ce qui s'était passé.

Il dit tout bas à de Vargas :

— Don Juan meurt pour avoir trop souvent bu les
eaux de Spa.

A quoi le capitaine espagnol répondit, comme plus
tard lord Strafford :

— Il ne faut pas se fier aux rois de ce monde.

Don Juan en deux heures n'était plus reconnaissable.

Ses yeux, profondément cernés, brillaient d'une
flamme sombre, avant-coureur de la mort.

Il ne pouvait plus supporter le contact de son lit.
Etendu sur les dalles, le corps entièrement nu, la peau
couverte d'une sueur froide et visqueuse, marbrée de
plaques violettes, il râlait.

La désolation était immense dans le palais. Et, ce
qu'il y eut de plus singulier, la population flamande, si
hostile au parti espagnol, sembla la partager et s'unir,
dans une respectueuse sympathie pour ce mourant, le
plus illustre de son siècle, à ses soldats qui le pleu-
raient.

Ce jeune homme, de politique conciliante, avait de
nombreux partisans dans les classes commerçantes
lasses de cette guerre, qui, depuis cent ans, avait
miné la fortune des Flandres. Bruges réduite de
deux cent mille habitants à moins de quinze, les fa-
briques de drap détruites, le commerce des navires
anéanti par les galères espagnoles et les pirateries for-
cées des Gueux de mer, réclamaient la paix à tout prix,
et don Juan avait tendu vers tous des mains pleines de
promesses.

Enfin, il y a dans tous les cœurs vraiment humains,
loin de l'intérêt personnel, un sentiment secret de man-

suétude et de pardon pour les coups inattendus du sort, lorsqu'ils frappent une tête couverte de lauriers immortels à l'heure où l'homme est encore en pleine possession de la jeunesse et de l'espérance.

Les cloches sonnèrent pour des prières publiques dans toutes les églises.

La foule se porta en masse autour du palais, anxieuse et compatissante, comme s'il se fût agi d'un de ses chefs préférés.

A la même heure, un cavalier poudreux arrivait à toute bride, escorté par deux ou trois gentilshommes de la cour de Navarre.

La foule s'écarta respectueusement pour les laisser passer.

Le cavalier jeta précipitamment la bride de son cheval aux mains d'un soldat et s'élança dans l'escalier d'honneur qui conduisait à la chambre de don Juan.

C'était fini! De Vargas, le visage couvert de larmes, avait fermé les yeux du vainqueur des Turcs, bouclier de la chrétienté, comme avait dit le pape.

On venait de disposer un lit de trophées, le même offert deux mois auparavant à la reine de Navarre.

On avait jeté ces drapeaux, ces dépouilles de soie et de velours pêle-mêle à terre en un magnifique monceau, puis on y avait déposé le corps du vice-roi.

Un héraut d'armes veillait aux portes, à l'intérieur, toute la gentilhommerie venue d'Espagne pour prendre sous les ordres de l'illustre aventurier part à la guerre.

— Annoncez le roi de Navarre, dit le cavalier.

De Vargas accourut au devant du prince qui ne put,

devant ce triste spectacle et cette victime glorieuse, retenir ses larmes.

— Je suis venu trop tard, murmura-t-il. Cette reine a nom la Mort.

Un courrier fut expédié à la reine Marguerite, qui passa la nuit dans son oratoire.

Plus tard, elle avait coutume de dire (et plusieurs de ceux qui entendirent ces paroles n'en comprirent pas le véritable sens) :

— On m'attribue, en vérité, plus de galants que je n'en eus.

Et, faisant allusion aux cœurs de ces amants morts que renfermait, dit-on, son vertugadin :

— Celui que j'eusse aimé le mieux, celui qui m'inspira la plus vive admiration n'est pas là. Son nom est un secret entre lui, moi et Dieu.

D'aucuns prétendent que le roi de Navarre, sans qu'il en parût rien, partageait ce secret avec Dieu, elle et lui.

XIII

MONSEIGNEUR LE DUC FRANÇOIS D'ALENÇON.

Le duc d'Alençon arriva deux jours après cette mort à la petite cour qui entourait sa sœur. Ainsi qu'on l'a vu, le prince voyageait avec une suite assez nombreuse, tant des gentilshommes de ses amis que de ceux du roi. Toute cette jeunesse, avide de coups d'épée, faite à la guerre, brave jusqu'à la folie, faisait grand tapage sur les routes, molestait déjà les bourgeois, les traitant comme on faisait des bourgeois de France, et ne s'apercevant point que ces rudes jouteurs qui, depuis Arteveldt, défendaient leur petit pays contre le colosse bourguignon et contre son héritier, l'effrayant roi d'Espagne et des Indes, n'étaient point de même race et surtout de semblable patience.

D'autre part, les routes se couvraient de soudards isolés ou en petite troupe qui se dirigeaient le long de la mer par les routes convergeant vers Ypres, Gand, Anvers, afin de se joindre aux troupes de Guillaume de Nassau qui occupaient la Meuse. Ces soldats faisaient en tous lieux de grosses déprédations.

Quels que fussent d'ailleurs tous ces petits griefs, on fit un accueil enthousiaste au duc d'Alençon. Il arrivait à point pour rétablir les espérances trompées des Flamands, auxquels la mort subite de don Juan d'Autriche enlevait un homme de ralliement.

La haine contre Philippe II avait repris de plus belle.

On disait partout que le roi d'Espagne, furieux des tentatives d'apaisement et des concessions faites par le vice-roi, avait pris le parti de s'en débarrasser. On l'accusait tout haut d'assassinat.

— Nous l'aurions pris pour notre duc et, avec lui au sud, avec Guillaume au nord, nous aurions été victorieux. A présent, il n'est plus de trêve possible. L homme qui succédera au vice-roi aura des instructions terribles. On parle du duc de Parme, un second duc d'Albe. Il vaut mieux que nous choisissions nous-mêmes notre prince.

Et par instinct de gens pratiques ils criaient : « Vive le duc d'Alençon ! » sentant derrière lui le roi de France et cent mille guerriers fabriqués en excellente manière par les guerres de religion.

De Vargas, n'ayant point d'ordres pour le cas imprévu où il se trouvait, ne pouvant plus compter sur l'alliance des princes évêques du Rhin, alliance offerte personnellement à don Juan, réduit à attendre l'arrivée et les nouvelles instructions de l'Espagne, avait de nouveau abandonné le pays, et avait réuni la plus grande partie de ses troupes autour de Berg-op-Zom.

Le duc trouva donc autour de sa sœur la plupart de

grands seigneurs et toute la noblesse catholique qui l'attendait.

Il accueillit avec la hauteur habituelle à sa race les hommages qu'on lui apportait, et se jeta tout aussitôt dans l'intrigue qu'il aimait passionnément et qu'il cultivait à la cour de ses frères depuis l'âge de raison.

Le premier soin de René de Salcède, lorsqu'il apprit l'arrivée prochaine du duc, fut de tâcher de soustraire Urgèle aux regards du futur duc de Flandres.

Malheureusement ce n'était point là une entreprise bien facile, attendu que l'on utilisait la présence de la jeune fille à la cour de Marguerite, comme un intermédiaire entre les Orangistes et les partisans du duc François. Les Orangistes admettant en général la combinaison de ce nouveau prétendant, quitte à le renverser plus tard, la tâche commune accomplie, la présence de la fille de l'illustre savant de Leyde, chef du parti des malcontents et conseil du prince d'Orange, servait là comme eût fait un drapeau.

Marguerite avait, en outre, dit le mot secret au docteur Cornélius:

— Je la garde comme otage.

En attendant que l'occasion vînt d'enlever de cette cour, désormais trop dangereuse, sa fiancée, le jeune homme alla trouver la reine de Navarre et lui demanda son congé.

— Vous voulez me quitter! fit Marguerite surprise.

— J'aurais passé ma vie sans me plaindre auprès de Votre Majesté, répondit le jeune homme, mais j'ai des raisons graves de m'éloigner de la reine.

— Des raisons graves !?

— Oui, madame, répondit Salcède en souriant.

— Et lesquelles ?

— J'essaierai de le dire, quoiqu'il soit difficile à un gentilhomme d'avouer qu'il a peur.

Il raconta en peu de mots ce que nos lecteurs connaissent du drame accompli au Louvre entre le prince français, Urgèle et lui.

— Je me trouverais, ajouta-t-il, en butte aux vengeances du duc, et, vraiment, je me sens trop petit compagnon pour m'y vouloir exposer.

— Mais je vous protégerai !

— Votre Majesté en aura certainement le vouloir, mais elle doit savoir que le duc d'Alençon n'est pas de ceux qui oublient un outrage, si légitime qu'il ait été. Le duc obéirait à votre désir et abandonnerait ouvertement sa victime. Mais je serais sûr de lui payer ma dette. Un coup de poignard est bien vite reçu. Les Français ont la main leste à la cour du roi Henri III.

Marguerite comprenait trop bien la vérité des appréciations de ce jeune homme, pour lequel elle se sentait un vif intérêt. Elle n'essaya point de le retenir.

— Vous viendrez, quelque jour, nous rejoindre en Navarre, lui dit-elle en lui tendant la main, que le jeune homme baisa avec respect.

— Je demanderai à Votre Majesté une deuxième grâce. Je la supplie de veiller sur Urgèle, ma fiancée.

La reine le promit et Salcède s'éloigna. Cependant, il n'alla pas loin. Il se rendit chez un des jardiniers de la résidence et obtint, à prix d'or, d'être caché sous les habits d'un aide. Là, du moins, il demeurerait à portée de tout voir et de secourir la jeune fille si de nouveaux dangers la menaçaient, et si François n'avait point oublié le caprice de l'adolescent.

Le soir de l'arrivée du duc, il y eut la présentation des dames de la cour. Urgèle se dissimulait de son mieux afin d'éviter le prince, mais le duc d'Alençon avait les yeux perçants, et l'homme de plaisirs se connaissait en beauté.

— Quelle est donc cette belle personne qui semble se dérober et que je n'ai point vue tout à l'heure au cercle de la reine? demanda-t-il.

— C'est la fille d'un homme considérable de ce pays, le docteur Van Beeren. C'est une de mes lectrices. Elle nous est d'un grand secours ici, mon frère, et son père est un de nos plus puissants appuis.

— Van Beeren? Attendez donc, dit François devenu songeur.

N'est-ce pas cette manière d'ambassadeur qui nous fut autrefois envoyé des Flandres par le prince d'Orange, au moment de la Saint-Barthélemy?

— C'est lui-même.

— Mais alors, dit le prince, cette jeune fille est la personne que j'arrachai, de concert avec le duc de Guise, aux mains des gens d'Argot qui voulaient lui faire un mauvais parti, et c'est la même qui, chez Athies...

Le duc d'Alençon, à ce souvenir, devint soudain très-pâle. Il attacha son regard froid et venimeux sur la jeune fille.

— Oui, c'est cela, murmura-t-il, c'est bien la même. Elle est toujours belle. Nous verrons si elle est toujours insolente.

— Mon frère, répondit Marguerite, voulez-vous me permettre de vous parler franc? J'ai ouï dire que vous aviez à vous venger sur cette enfant qui, après tout, défendait contre vous son honneur. Je vous engage à renoncer à tout projet de cette sorte.

— Et qui donc m'en empêchera?

— Votre raison. Songez qu'il y a longtemps que ces choses se sont passées, et que, pour votre dignité même, il est préférable de paraître les avoir oubliées. Ensuite que nous sommes en pays étranger, que toute violence pourrait recevoir, au milieu de ce peuple qui semble disposé à s'attacher à vous, mais qui exècre les tyrans, une vengeance terrible. Songez que Van Beeren est un homme illustre dont, à juste titre, on est fier ici. Que, de plus, il est l'ami intime du prince d'Orange dont nous avons tant besoin pour réussir. Ce serait d'ailleurs bien mal débuter.

Le prince écouta d'un air sombre les paroles de sa sœur.

— Soit, dit-il, elle n'aura rien à craindre.

Le faux sourire qui éclairait la figure du prince dans les mauvais moments reparut sur ses traits.

Il s'approcha du groupe de jeunes femmes dans lequel se trouvait Urgèle, salua, et ne parut en aucune façon avoir reconnu la jeune fille.

La reine, rassurée, fit signe à la comtesse d'Athies.

— Dis à ta protégée de ne rien craindre, lui dit-elle, le prince pardonne.

— Sa clémence est bien plus dangereuse que sa rancune en ce cas. Au surplus, que suis-je, madame, pour m'interposer entre cette jeune fille et ce puissant seigneur!? Rien. Aussi, me lavé-je à l'avance les mains de ce qui pourra survenir.

XIII

LA CLÉMENCE DU DUC FRANÇOIS.

Plusieurs jours se passèrent sans qu'aucun signe manifestât les sentiments intimes du duc d'Alençon. Poli, empressé avec toutes les femmes, il était avec Urgèle d'une galanterie particulière, et, bien qu'il semblât avoir oublié leur terrible rencontre, il paraissait désireux d'en faire perdre le souvenir aux autres à force de soins et de respects affectés.

Cette conduite n'avait pas manqué d'attirer l'attention de la petite cour de Marguerite de Navarre. On annonçait que le prince était amoureux de la belle Flamande, mais il rabrouait si bien ceux des gentilshommes de sa suite qui se hasardaient à lui dire de brusquer ce dénouement, que beaucoup croyaient à une belle passion du prince.

D'aucuns cependant se méfiaient de tant d'hommages platoniques, si fort en dehors des habitudes de François d'Alençon.

Athies disait tout bas à Urgèle :

— Veille, ma fille, veille et ne quitte la reine que le

moins qu'il te sera possible, le duc médite quelque mauvaise entreprise. Il est trop de miel pour ne pas cacher le poison.

La jeune fille cependant commençait à se rassurer. La reine elle-même ne dédaignait pas de lui donner de temps à autre, à travers les fêtes offertes au prince, quelques encouragements.

Urgèle habitait le rez-de-chaussée du château, protégé par les douves profondes dont nous avons parlé. Le soir, René, sous son déguisement, venait apporter chez elle les plus belles fleurs des serres et apprenait de sa bouche ces rassurantes nouvelles.

Néanmoins, la vigilance du jeune homme ne se décourageait point. Il rôdait le plus tard possible dans le château, apprenait çà et là de la valetaille quelque précieux détail, et, lorsque la fermeture des portes le renvoyait à son appentis, il suivait le jeu des lumières et des ombres jusqu'à une heure avancée.

Le séjour du prince touchait à sa fin. Il devait, assurait-on, se rendre à Anvers et y avoir une entrevue avec le prince d'Orange et les principaux nobles du pays. François annonça donc ses résolutions à toute la cour. Urgèle respira.

Le duc d'Alençon distribua à tout le monde ses adieux. Ceux qu'il fit à la fille de Van Beeren furent plus tendres que tous les autres. Décidément elle était en faveur. Au médianoche qui suivit le bal d'adieux offert au jeune prince, il la fit mettre à côté de lui et but, au grand déplaisir des autres dames, à sa beauté, à sa grâce souveraine.

Il lui versa lui-même un doigt de vin d'Espagne, dont il faisait personnellement usage, et lui demanda de lui faire raison.

La jeune fille, intimidée par cette grande assemblée, par tous ces regards fixés sur elle, ne refusa pas de mouiller ses lèvres dans la liqueur dorée.

Lorsqu'elle eut bu, l'œil du duc d'Alençon ne put retenir un éclair de joie terrible qu'Urgèle arrêta au passage.

Le reste de la soirée ne confirma en aucune manière les soupçons que la jeune fille eût pu concevoir à cet instant. Elle se retira chez elle vers minuit, désireuse de s'entretenir quelques instants avec René et de lui dire l'étonnante faveur dont le duc, ce dernier soir, avait paru l'entourer.

Celui-ci avait promis de l'attendre chez elle. On savait en effet quels serments de fiançailles liaient ces deux jeunes gens; on connaissait la vertu d'Urgèle, René eût-il été reconnu sous son déguisement, il eût alors expliqué l'étrange situation que, vis-à-vis du prince français, la nuit de la Saint-Barthélemy lui avait faite.

Urgèle prétexta donc quelque mission de la reine de Navarre et quitta le bal. Elle descendit l'escalier d'honneur, rangeant ses jupes bruyantes, et gagna doucement sa chambre.

René n'était point arrivé encore.

— Il ne saurait tarder, pensa-t-elle, il s'est attardé dans le palais.

Une grande heure se passa ainsi.

L'impatience commençait à la gagner. En même temps il lui montait au cerveau comme des fumées de vapeur chaude. Une sorte de surexcitation générale s'emparait de tout son être. Une fièvre ardente la brûlait, sans qu'elle sentît de souffrances autres qu'une sensibilité aiguë et suprêmement nerveuse.

A ces sensations était joint un bien-être factice ; ses pensées plus légères semblaient s'échapper d'elle comme dans un rêve et monter vers l'éther, d'un vol délicieux.

Une sorte d'ivresse capiteuse, qui enlevait la raison et ne laissait à sa place que la folle du logis, l'imagination ardente, s'emparait de tout son être.

Elle chercha à vaincre cette oppression inquiète qui l'envahissait, cette folie qui se rendait peu à peu maîtresse d'elle-même.

Elle ne put y parvenir.

Tout à coup elle songea au vin d'Espagne que lui avait versé le duc d'Alençon et poussa un grand cri, comme un cri d'appel qui ne fut point entendu.

Alors, tout ce qui lui restait de possession d'elle-même réagit à la fois. Elle courut à la fenêtre, résolue, dans le cas où elle se verrait victime d'un guet-apens, à se jeter dans les douves, dût-elle s'y briser. Au moins ses cris seraient entendus.

Si le complot qui écartait ainsi René avait pu l'éloigner à ce dangereux moment, au moins, s'il vivait, devait-il être aux environs, cherchant une issue, veillant invisible sur sa fiancée.

La fenêtre refusa de s'ouvrir. On l'avait clouée à l'intérieur. Elle voulut briser les vitres ; un léger châssis de fil de fer très-solide avait été appliqué contre elles. Elle y mit ses belles mains en sang.

Alors elle voulut s'enfuir à travers les corridors du château, aller demander aide et protection à la reine de Navarre.

La porte était fermée à double tour. Elle ne put même l'ébranler. Alors elle sentit une terreur sans bornes l'envahir.

— René!! cria-t-elle, René!! au secours!!

Ce fut là le dernier effort de sa raison chancelante.

Elle tomba sur les coussins de velours nacarat qui étincelaient à la flamme du foyer et demeura pantelante, les yeux fixes, la conscience absente, en proie aux rêves, aux hallucinations de ces breuvages enivrants dont le seizième siècle avait emprunté à l'Orient les traditions étranges.

Ainsi couchée, dans le mol abandon du rêve, le corps drapé dans sa longue robe de satin gris de perle, ses cheveux magnifiques dénoués par la crise et ruisselant autour d'elle comme des masses fauves, elle ressemblait à une créature d'une essence supérieure et divine, tombée là sur la terre et cherchant à reprendre son vol et ses esprits sans y pouvoir réussir.

A son immobilité on eût pu la croire morte, et cependant ses yeux fixes étincelaient. Son sein, agité d'un battement léger et rapide, révélait une vie aiguë et tout intérieure.

Après quelques instants, un panneau de tapisserie se souleva; un serviteur aux armes du prince entra, portant un candélabre chargé de bougies, et derrière lui, François d'Alençon, livide, s'essuyant le front.

— Décidément, ce couloir est difficile et bien noir, dit-il.

— Monseigneur, répondit son guide, ce passage a été pratiqué dans le mur lui-même, il ne saurait en conséquence être bien large ; on a logé il y a trois jours la jeune personne ici sur votre demande en réclamant sa chambre pour cause de réparations.

— Est-elle bien soumise par le breuvage, Malchus ? Es-tu sûr qu'elle ne se réveillera point ? Es-tu sûr qu'elle n'a pas d'armes ?

— Je ne suis sûr de rien, monseigneur ; je ne puis dire qu'une chose à Votre Altesse, c'est que je l'ai attentivement observée par le trou pratiqué à cette tapisserie. Le breuvage a certainement fait son œuvre, et la meilleure preuve, ajouta-t-il, en désignant Urgèle étendue sur le tapis, c'est qu'elle ne bouge plus, après avoir crié à réveiller tout le palais, si ce breuvage n'avait pour premier effet de surexciter l'âme en affaiblissant le corps.

Elle est à vous, monseigneur.

François d'Alençon s'approcha du corps immobile de la fille de Van Beeren.

— Elle ne bouge point, dit-il ; serait-elle morte, Malchus ?

— Oh ! que nenni, monseigneur, ces péronnelles ont la vie dure. D'ailleurs, j'avais moi-même préparé le vin. Douze gouttes. Catalepsie délicieuse, réveil charmant.

— Comment ferai-je pour la tirer de cette torpeur ?

— Voici le flacon où se trouve le réveil. Vous ranimerez le corps, mais l'extase de l'âme persistera.

— En es-tu sûr, Malchus ? Si j'allais ne pas réussir !

Malchus eut un sourire de damné.

— Je ne me trompe jamais, monseigneur, dit-il, ne suis-je pas le meilleur élève de Cosme ?

— Oui, je sais.

— Je dois dire à monseigneur que, depuis plusieurs jours que nous observons cette jeune fille, pour nous rendre compte de ses habitudes, nous avons été témoins de ses rapports avec un jeune homme déguisé en valet, selon toute apparence, car il est de tournure noble, et les mains fines et blanches ne sentent point le travail.

— Un jeune homme !! qué me dis-tu là, Malchus ? Cette malheureuse aurait un amant ? mais non, cela est impossible !! elle est trop chaste !

— Je n'ai pas dit que ce fût un amant, je ne le crois même point ; j'ai dit un ami, un ami dévoué.

— Ah ! fit tout à coup avec éclat le duc d'Alençon, frappé d'un souvenir subit, si c'était cet Espagnol insolent, cet insulteur !! combien ma vengeance serait plus complète encore.

Ici, le duc donna à Malchus le signalement de René avec une abondance de détails qui témoigna de la vivacité de ses souvenirs.

— Ajoute, termina-t-il, à ce portrait quatre années de plus et tu auras l'homme.

— C'est lui, répondit Malchus sans hésitation. Votre Altesse connaissait ce personnage ?

— Écoute-moi, Malchus, il te sera donné dix mille

écus pour le coup de poignard qui tuera.ce malandrin, si tu ne peux réussir à t'en emparer ; mais si tu me le peux conduire en France, je double la somme, tu m'entends?

— Merveilleusement, monseigneur. Mes vingt mille écus me sont assurés dès à présent. Notre homme est dans une des salles basses du château, enfermé et gardé. Nous avons craint quelque esclandre.

— Très-bien ! Fais maintenant pour le mieux, Malchus, et compte sur moi.

— Monseigneur m'autorise à me retirer? On va déposer le souper de Son Altesse royale sur ce guéridon.

— Fais vite et retire-toi. N'oublie aucune de mes recommandations.

— Labranche tiendra mes chevaux prêts pour quatre heures du matin. Les deux gentilshommes de la suite, de Birague et d'Harsailly, sont prévenus. Au jour nous serons loin de ce château.

— Oui, monseigneur. Bonne nuit à Votre Altesse.

Malchus fit un pas pour se retirer, mais, avec la profonde habitude qu'il avait du prince, il comprit aisément, à l'hésitation du duc d'Alençon, que toutes les questions n'étaient pas posées.

— Que puis-je encore, interrogea-t-il, pour la satisfaction de monseigneur?

— Rien, Malchus .. c'est-à-dire, si, dit-il rapidement, si au lieu de réveiller tout à fait cette belle, il importait à la politique qu'elle se rendormît pour... longtemps ?

— Je comprends, monseigneur. Cette liqueur que vous tenez encore active la circulation à dose modérée, à grandes doses, elle brise le cœur instantanément.

— Bien. Et la dose contenue dans ce flacon ?...

— Est suffisante pour trois hommes robustes.

Et Malchus disparut. Deux hommes masqués qui venaient d'apporter un souper délicat le suivirent.

Le prince resta seul avec la jeune fille endormie.

Les candélabres chargés de bougies de cire rose jetaient dans l'espace une éclatante lueur. Il semblait que la jeune fille, dont les yeux grands ouverts vivaient d'une vie centuplée, pût voir autour d'elle et qu'elle fût incapable de parler.

François s'approcha et la contempla quelque temps en silence.

— La voilà donc, cette rebelle, la voilà donc en mon pouvoir. Qui l'en tirera? Que de nuits j'ai pensé à cet affront invengé. Dieu! le Diable veillait pour moi, l'heure est venue.

Le duc approcha des lèvres de la jeune fille le flacon que lui avait donné Malchus. Les dents étaient serrées avec force. Alors il introduisit son poignard entre elles et les entr'ouvrit. Urgèle ne fit pas un mouvement. Le prince versa quelques gouttes du liquide contenu dans le flacon.

Presque instantanément la catalepsie cessa.

La catalepsie physique du moins.

La vie revint comme un flot puissant. Urgèle se souleva sur le coude d'un air étonné, cherchant à reconnaître les objets qui l'entouraient et n'y pouvant parvenir. Elle ne vit pas ou ne reconnut pas le duc qui se tenait devant elle.

Elle releva d'une main distraite ses cheveux qui voilaient son visage et commença de chanter d'une voix faible et douce, d'un timbre harmonieux, une chanson naïve de son enfance.

> Le soleil est clair et le renouveau
> Passe sur les champs dans sa robe verte,
> Du muguet fleuri et du buis nouveau
> Tombés de ses plis la terre est couverte ;
> Le soleil est clair, salut ! renouveau.
>
> D'un rayon doré la maison flamboie,
> Le grand saint de fer qui s'accroche au mur
> Lui sert de miroir. Mon cœur est en joie,
> Et veut s'envoler vers le ciel si pur.
> D'un rayon doré la maison flamboie.

Le duc l'écouta jusqu'à la fin.

— Eh bien, lui dit-il, lorsque le dernier écho de cette chanson se fut éteint, puisque vous voilà si gaie et si heureuse, la belle fille, m'est avis que nous pouvons souper ensemble et vider joyeusement un flacon de vin de Syracuse.

Urgèle rougit à cette voix, mais elle se leva en acceptant la main du duc. Je ne sais quel sourire extatique flottait sur ses lèvres. Elle s'approcha de la table.

— Oh ! dit-elle, en se versant à flots, dans une coupe de vermeil, le vin couleur de topaze. J'ai soif, je brûle.

Elle but avidement. Son teint se colora presque aussitôt d'un pourpre ardent.

Elle était splendidement belle. Aussi François d'Alençon n'y put tenir. Il entoura sa taille de son bras et tenta de lui ravir un baiser. Urgèle ne chercha point à fuir. Il semblait que les désirs du duc ne s'adressaient point à elle.

Mais, lorsque les lèvres du prince la touchèrent, cette pudeur qui veille au fond de l'âme de toute vierge se réveilla en elle. Elle se dégagea vivement.

— Laissez-moi, fit-elle.

Elle reprit de nouveau la carafe et se versa du vin de Syracuse. Le duc s'était jeté à ses pieds. Il regrettait maintenant de l'avoir changée en statue. Il eût voulu rappeler l'âme absente, dût-il lutter, dût-il se voir de nouveau conspué.

— J'en serais venu à bout, pensait-il, mais telle que la voilà, c'est une morte ou une folle. Ce qui est tout un.

Il arracha vivement le verre des lèvres de la jeune fille et le jeta au loin.

Elle le regarda avec un étonnement tranquille.

— J'avais soif, dit-elle, une soif dévorante. C'est le breuvage du duc, sans doute.

Il était à ses pieds. Elle lui souriait comme s'il eût été son amant.

Tout à coup, un bruit de pas nombreux se fit entendre dans les corridors du château, on accourait. On frappa rudement à la porte de la chambre. La voix éperdue de René cria :

— Ouvrez, Urgèle, ouvrez si vous êtes vivante. Ouvrez, ou j'enfonce à l'instant cette porte.

XIV

LA CLÉMENCE DU DUC FRANÇOIS (*Suite*).

Cependant Malchus avait dit vrai. René de Salcède, caché dans une salle basse, dont les fenêtres étaient grillées et donnaient sur une douve inondée et sans issue, s'était vu enfermé tout à coup par une main inconnue.

Il crut d'abord à quelque inadvertance des sommeliers du château qui se servaient de cette salle comme d'un cellier.

Mais les chuchotements qu'il entendit aussitôt après lui révélèrent que cette précaution venait d'un complot. Il hésita un instant avant de faire tapage. Sa qualité d'Espagnol et la faveur dont il avait joui auprès de la reine de Navarre ne lui avaient point gagné tous les cœurs. Il craignit quelque bagarre qui empêcherait ultérieurement sa surveillance occulte. Mais une voix intime lui souffla qu'Urgèle était à cette heure en péril.

Dès lors, il commença à faire un tapage affreux. Il jeta contre la porte sonore les tabourets et les tables. On eût dit une légion de démons enfermée dans cette salle.

Mais nul ne vint à son aide. Le bal se donnait dans l'aile opposée du château et le bruit des violons dominait tous les autres.

Les serviteurs, groupés autour des fenêtres, regardaient danser les ombres soyeuses des dames et les cavaliers magnifiques de la cour de France.

Ce ne fut qu'après un long temps qu'une voix parla enfin près de lui.

— Qui donc est enfermé là? demanda-t-on.

— Par grâce, ouvrez-moi, répondit René. Il se passe quelque chose d'infâme dans ce château, je le sais, je le sens, j'en suis sûr. Ouvrez-moi, je vous en prie.

— Mais je connais cette voix, dit l'inconnu en faisant glisser lentement les énormes verrous qui maintenaient la porte fermée. N'êtes-vous point M. de Salcède? En vérité, je vous croyais loin de la cour et je ne m'explique pas cette aventure.

En ce moment, la porte s'ouvrit. Le corridor était obscur et René ne put voir à qui il avait affaire.

Cependant l'accent fortement gascon du personnage ne lui parut pas absolument inconnu. La porte ouverte, il voulut fuir. Mais un poignet de fer le retint.

— Ce n'est point un remerciement honnête que cette fuite, mon gentilhomme, dit l'inconnu, et je ne m'en contente point. Quelques explications, je vous prie, ou je ne vous quitte point.

Il prononça ces paroles avec une voix narquoise où l'accent de Nérac se prononça davantage. René le reconnut aussitôt et mit un genou en terre.

— Pardonnez-moi, sire, dit-il, mais je ne pouvais

croire que ce secours me vînt du roi de Navarre. Je suis aux ordres de Votre Majesté.

— Ma Majesté vous écoute, monsieur de Salcède.

En quelques mots René exposa avec franchise ce que nous avons raconté plus haut. Il dit ses griefs contre le duc d'Alençon, ses craintes au sujet d'Urgèle, ses veilles et enfin l'embûche dans laquelle il était tombé.

— Un guet-apens! ventre-saint-gris! et qui est en jeu ici, la fille de Van Beeren, l'homme de confiance de Guillaume. Une violence contre elle, en vérité, il y a là de quoi mettre de nouveau le feu aux Flandres contre nous.

Il faut courir, mon gentilhomme. François dira ce qu'il voudra, nous ne sommes pas en France ici et, mort de ma vie! s'il se fâche nous en découdrons.

Ils s'élancèrent dans l'escalier qui conduisait à l'étage supérieur, suivis de deux cavaliers qui escortaient le roi, et arrivèrent, ainsi que nous l'avons vu, à la porte d'Urgèle.

XV

LE FLACON DE MALCHUS.

Le tapage qu'on faisait à la porte de la chambre d'Urgèle ne réveilla pas la jeune fille de son hallucination.

— Ouvrez, criait René, ouvrez à l'instant, ou nous enfonçons la porte. Ouvrez, lâches que vous êtes qui torturez une femme. Ouvrez donc !!!

En même temps le jeune homme frappait à coups redoublés la porte de son pommeau d'épée et suppliait son compagnon de l'aider à pousser d'un coup d'épaule l'huis hors de ses gonds.

Mais les planches de chêne résistaient. La serrure paraissait solide.

— Je vais enlever le bois autour de la serrure avec mon poignard, dit René au roi de Navarre, nous en viendrons à bout.

— Cela prendra du temps.

— Que faire alors !!

— François, c'est moi qui vous appelle, dit Henri de Navarre en élevant la voix et sans répondre au jeune homme. Ouvrez-moi, si, comme on le dit, vous êtes dans cette chambre; ou, sinon, foi de gentilhomme, j'appelle quelques serviteurs et fais sauter la porte.

François d'Anjou était resté impassible et attentif durant les menaces. Il comptait foudroyer les audacieux s'ils allaient jusqu'à renverser les barrières qu'il avait élevées entre l'objet de son amour insolent et ses adversaires. Habitué au prestige et au respect du monde, il ne pouvait croire qu'on ne se retirât point devant son regard. La voix du roi de Navarre qu'il ne savait point au palais de Spa le saisit soudain d'épouvante. Il n'avait plus affaire à des inférieurs réduits à lui obéir et incapables de le juger. Le roi de Navarre était son égal et de plus il était chez lui.

— A quoi me résoudre ? murmura-t-il, le temps presse !

Le temps pressait, il est vrai. René ne voulait appeler personne à l'aide, il se sentait assez soutenu par la présence du roi de Navarre pour ne rien craindre et pour être certain de la justice, mais il ne voulait pas d'autres témoins de l'outrage fait à sa fiancée; résolu d'ailleurs à se venger lui-même, même devant Henri, si le duc d'Alençon avait accompli son infâme attentat, il ne voulait point en être empêché par d'autres. Aussi travaillait-il avec une ardeur fébrile, les mains en sang par les efforts qu'il faisait pour arracher d'énormes éclats de bois que soulevait son poignard.

Il entremêlait son travail de menaces sourdes et d'objurgations.

La porte allait céder; François, comprenant le péril, ouvrit la porte secrète, saisit la jeune fille entre ses bras et tenta de l'entraîner avec lui dans le passage mystérieux qui l'avait amené.

Soit qu'Urgèle revînt peu à peu de l'ivresse où l'avait jetée le breuvage de Malchus, soit que l'imminence du péril entrevue avec cette lueur qui veille, même pendant le sommeil, au fond de notre conscience, l'eût en quelque sorte galvanisée, elle commença à pousser des cris terribles et à résister de toutes ses forces.

François était frêle et épuisé par les excès précoces, la jeune fille était grande et forte. Elle se cramponnait aux meubles et il fallait au duc de longs efforts pour l'en arracher.

Cette lutte était horrible.

Au dehors, René de Salcède, entendant les cris de la jeune fille, redoublait d'efforts.

— Courage!! lui criait-il, courage!! Urgèle, nous voilà, j'arrive. Oh! porte maudite!! n'en viendrai-je jamais à bout!

Le prince vit bientôt que toute sa force serait impuissante à vaincre une telle résistance. Il ne tarda pas à renoncer à poursuivre son dessein et demeura immobile et sombre devant Urgèle cramponnée, frémissante et le regardant avec des yeux de défi.

Un instant, la main du prince tortura le manche de son poignard. Il se livrait dans cette âme sans frein comme un violent combat.

Quelque dépravé qu'il fût, l'histoire raconte qu'il fut plus poltron encore. Le sang à verser lui fit peur. C'eût été là une vengeance dont l'audace dépassait la sienne propre.

— Ah ! fit-il, comme éclairé d'une idée soudaine, le flacon de Malchus !

— Ah ! murmurait la pauvre fille, si j'avais la force !! mais, je me sens mourir ! —

— Ne craignez rien, dit le prince, j'espérais cette fois encore vous tenter. Remettez-vous, on va briser cette porte ; il ne faut pas que votre désordre nous accuse.

La pudeur fit pour la jeune femme ce que tout autre mobile n'eût point réussi à obtenir. Elle se raidit de toutes ses forces contre elle-même et parut avoir retrouvé un peu de sang-froid.

— Vous êtes un infâme, monseigneur, lui dit-elle à voix basse.

Le prince courut à la table et versa dans un verre d'eau le contenu de son flacon. Le liquide se colora d'une nuance d'opale, une légère odeur d'amandes se répandit dans la salle.

Urgèle n'avait rien vu ; encore en proie au trouble le plus violent, elle saisit d'une main tremblante le breuvage que lui offrait le prince, et but à longs traits le poison.

Un sourire empreint d'une joie féroce parut sur les traits du prince.

— Ainsi périsse, dit-il, toute créature qui osera mépriser les vœux d'un fils de France !

Et s'élançant dans le passage obscur, il disparut.

Une expression d'épouvantable surprise se peignit sur les traits d'Urgèle. Elle devint affreusement pâle, porta les mains à sa poitrine.

— Ah !! fit-elle, je me meurs !! je....

Elle glissa tout d'une pièce et tomba foudroyée sur le tapis.

La porte s'ouvrait au même instant et René se précipitait dans la chambre en poussant un cri déchirant.

Urgèle, expirante, était étendue à ses pieds, les bougies brûlaient dans les candélabres ; le festin intact demeurait tout servi dans les vases d'argent.

Henri de Navarre s'approcha respectueusement de la morte, sur laquelle René, penché, poussait des clameurs terribles.

— Encore un crime, murmura-t-il. Dieu ne se fatiguera-t-il jamais de tant d'inutiles et d'absurdes scélératesses. C'est une race condamnée.

— Ah! s'écria enfin René, se relevant, je la vengerai, j'en jure Dieu !! Elle et mon père à la fois. C'est trop, en vérité. A nous deux, monseigneur !

Il s'élança dans l'intérieur du château pour rejoindre et poignarder en quelque lieu qu'il le trouverait le duc d'Alençon, fût-ce au bras de la reine Marguerite. Mais le bruit sourd de la herse qui se refermait, le galop lointain des chevaux qui se perdit dans la nuit, lui apprirent que le prince et ses compagnons s'éloignaient.

Alors il boucla résolûment son ceinturon, descendit aux écuries où il sella le meilleur des chevaux de la reine de Navarre, et s'éloigna au galop.

Le roi de Navarre avait ouvert la fenêtre de cette chambre maudite. Il regarda d'abord cette cavalcade emportée vers le Nord à une allure furieuse, chapeaux galonnés, panaches ; puis, cet homme seul, désespéré, terrible, dont tout l'amour gisait là, tordu dans les convulsions suprêmes de la mort, et murmura ce vers d'un poète anglais :

— On ne fuit pas la mort, elle est en croupe derrière le cavalier.

XVI

VILLE GAGNÉE,

Le lecteur n'attend point que nous lui fassions l'historique de ce règne éphémère du duc d'Alençon sur les Flandres ; règne d'expédient inventé par le désespoir et l'isolement de Guillaume d'Orange, règne, qui certes, à cette époque eût pu réussir, si la sagesse et la suite dans les vues eussent été l'apanage du duc François, au lieu de la folie, de la colère et des plus indomptables passions.

Les intrigues de la reine de Navarre, les influences de Henri III, l'appui moral de la reine d'Angleterre Elisabeth, qui ne voulait à aucun prix de l'Espagne à Bruxelles, trouvant que cet immense empire auquel les mers appartenaient alors était un trop puissant voisin; tout avait conspiré pour amener au pouvoir le dernier fils de Catherine de Médicis.

Il était donc venu à Gand, entouré de sa suite ordinaire de gentilshommes hautains. Entouré d'une garde dévouée à laquelle il prodiguait l'argent et les faveurs, il déjouait les complots et se moquait des poignards.

A part les vengeances que ce caractère atroce et le

plus indigne que nous offre l'histoire de nos princes du sang royal amassait derrière lui et qui veillaient dans l'ombre, on attendait beaucoup de ce règne.

Mais bientôt les Etats flamands, réunis pour le conseiller et le maintenir, soumis d'ailleurs aux conseils secrets du prince d'Orange, l'obsédèrent.

Il ne cacha point que cette barrière mise à son pouvoir lui paraissait intolérable, et que le régime du bon plaisir avec lequel gouvernait gaiement et absurdement son frère Henri III était le seul auquel il lui plût de se rallier complétement.

On commença dès lors de parcourir les rues d'Anvers et de Bruges, à la manière de celles de Paris, battant les hommes, violentant les femmes; et les gentilshommes, assurés de l'impunité par la connivence ou par l'amitié du duc, s'attirèrent des représailles qui ensanglantèrent son palais.

François devenait alors furieux, il menaçait, comme en pays conquis, de mettre le feu à la ville si on ne lui livrait à l'instant les coupables.

Les échevins, consternés, consultaient le prince d'Orange.

— Patience! répondait celui-ci; le jour approche. Ils se perdront d'eux-mêmes.

En attendant, celui-ci récoltait les fruits de sa politique et de ses batailles.

L'Espagne, fatiguée et menacée de toutes parts par la ligue des princes protestants, voyait à chaque instant ses galions enlevés par les hardis pirates anglais. Les colonies du nouveau monde, pillées sans mesure par ses gouverneurs et par ses soldats, qui n'étaient venus que pour s'enrichir, voyaient leur population décroître par les mauvais traitements et la misère. Le Pérou, le Mexique avaient inutilement prodigué leurs trésors à ces insatiables vainqueurs.

D'impossibles entreprises les avaient engloutis.

Un fanatisme abominable usait les ressorts de cette énergique nation sans profit pour elle-même.

La France, jeune, ardente, vigoureuse, fatiguée il est vrai des guerres de religion, mais nullement épuisée, allait entrer de nouveau en lutte avec son ennemie séculaire. Quel que fût aujourd'hui le prince efféminé, bizarre et fantasque qui occupait le trône de François Ier, on n'oubliait pas à la cour de Philippe II qu'il avait été un vrai soldat et un guerrier fameux. Henri III vivait du souvenir de Jarnac et de Moncontour.

Et puis, il venait de se passer à la cour d'Espagne une sombre tragédie, qui avait eu à la cour de France un douloureux retentissement.

La sœur de Henri III et de François d'Alençon, la poétique et charmante fille des Médicis, la fleur des reines, Elisabeth, femme de Philippe II, venait de mourir empoisonnée par son mari.

Ce drame touchant qui inspira Schiller venait de s'accomplir.

Le sombre fils de Charles-Quint, tapi dans l'Escurial, allongeant comme un monstre gigantesque les fils mystérieux de ses intrigues, aimait cette jeune femme qu'il avait épousée en secondes noces, avec toute l'ardeur des vieillards épris.

Ce lugubre palais, plein de sbires et de moines, voué au silence et aux soupçons, servait à la fois de demeure ou plutôt de couvent au fils de Philippe II, don Carlos, et à la jeune reine. Ils vivaient ainsi l'un près de l'autre, garrottés dans les splendeurs de cette cour fastueuse et dans les rigueurs de la plus sévère étiquette.

Qu'arriva-t-il? L'histoire n'a point pénétré ce mystère, digne de la pitié des âges futurs. Ils s'aimèrent, dit-on; jamais plus platonique et plus pure amitié ne lia deux cœurs fatigués de leurs chaînes et mourant de leur solitude.

La cour de France avait condamné l'Inquisition. Ce jour-là l'Inquisition se vengea. Elle insinua au père et à l'époux qu'il était trompé. On interpréta tous les sourires, on incrimina les plus innocentes paroles. On persuada Philippe II.

Carlos, accusé de conspirer contre son père, fut emprisonné. On l'étrangla dans sa prison.

La scène de la mort d'Elisabeth fut plus tragique encore.

La Camarera major, duchesse d'Uzès, trouve la reine dans un état de prostration et de douleur inexprimable. Elle a les ordres de Philippe II. Celui-ci vient de quitter la reine. Il l'a accablée de reproches, et, ne pouvant obtenir d'elle que le dédain et la froideur, il l'a condamnée.

— Prenez ce breuvage, lui dit la duchesse, il vous remettra.

La pauvre reine hésite et pleure.

— Pourquoi donc, madame?

— Il le faut, vous dis-je.

— Cela me fera mourir, madame, je le devine. Grâce!

— Buvez, madame, cette potion est inoffensive. Ne craignez rien.

— J'ai peur, madame, je ne boirai pas.

— C'est l'ordre du roi, madame, et celui du Saint-Office, ajoute-t-elle plus bas.

— Mais pourtant, ajoute la pauvre femme agenouillée et suppliante, si c'était du poison?

— Il faudrait néanmoins obéir, répond l'inflexible dame d'honneur.

Elisabeth boit, le lendemain elle était morte dans d'atroces souffrances.

On ne pouvait dès lors douter de la rancune et de la haine des princes français.

L'Espagne avait donc jugé à propos de se retirer de la lutte et d'attendre des temps plus favorables. Le duc régnait sans crainte et sans obstacles.

Nul ne savait ce qu'étaient devenus, après la mort tragique d'Urgèle à laquelle la reine Marguerite avait fait de magnifiques funérailles, le docteur Van Beeren, les hardis compagnons qui l'entouraient, et le jeune Espagnol qui devait être son gendre.

Celui-ci avait un instant reparu à Leyde, le soir, le docteur avait quitté sa maison. Il y avait bientôt un an que ces événements s'étaient accomplis, Guillaume d'Orange, seul, paraissait savoir quelque chose du sort mystérieux de son compère Van Beeren.

Dans une maison d'Anvers, maison étroite, ayant

deux entrées, l'une sur le port et l'autre dans une des ruelles borgnes qui servent d'asile encore aujourd'hui à toute la population grouillante des marins et des portefaix, un certain nombre d'hommes étaient réunis autour d'une table couverte de pots de bière à demi entamés.

Ces gens-là ne vidaient pas leurs vidre comes avec l'entrain des habitués de ce cabaret, car la maison n'était autre que la taverne, alors fameuse, connue sous ce nom :

A Notre-Dame de Liesse.

Confondus dans la foule des allants et venants qui composaient la clientèle bigarrée de la taverne, ils n'arrivaient dans la seconde salle, où se trouvaient nos personnages, qu'après avoir donné le mot de passe à un gaillard mince, sec et agile, vêtu en marinier de l'Escaut, et qui n'était autre que notre ancienne connaissance, l'armurier Van Velde.

On échangeait avec lui une sorte de jeton de cuivre qui avait la forme d'une petite écuelle, signe de ralliement des anciens Gueux, et l'on pénétrait.

— Que dit-on dans le port ? demanda une sorte de personnage dégingandé et d'alerte tournure, qui semblait incapable de demeurer quelques secondes en place.

L'homme auquel il s'adressait ainsi était un gigantesque portefaix coiffé d'un vaste chapeau de cuir qui dérobait ses traits. Il venait d'entrer.

— Du nouveau ! Il en manque vraiment !!

— Quoi donc? Qu'est-il arrivé, Franck? Parle, gantier, nous t'écoutons, dirent plusieurs voix.

— Cette nuit, vers deux heures, à la marée haute, la galère française du sieur de Birague, armée en guerre et ses canons chargés, s'est présentée aux chaînes de l'Escaut. Le veilleur a répondu qu'il ne pouvait, à quelque navire que ce fût, et surtout à un vaisseau de guerre, ouvrir le port avant que le jour fût levé. C'est là une de nos règles municipales qui remontent à nos premières respectables franchises. Personne que je sache ne les a jamais violées.

— Non, certes, non. Après?

— Birague, qui revenait avec quelques jeunes compagnons de faire une partie de plaisir à l'île de Walcheren, a exigé que les chaînes fussent détendues pour lui livrer passage.

Le vieux veilleur a de nouveau refusé.

— Je ne connais pas vos règles municipales, mais, moi, Jean de Birague, je te déclare, bonhomme, que je refuse d'en passer par les exigences de tes mauvais bourgeois, que je cravacherai s'ils bronchent. Je suis au service du roi de France et n'ai d'ordres à recevoir que de lui.

Alors, le capitaine Barletti, qui commande notre milice et que ce tapage avait attiré, s'est approché, il est monté hardiment dans la barque du veilleur et a déclaré que ni le roi de France ni Birague n'avaient d'ordres à donner dans la libre cité d'Anvers.

— Bravo, hurrah pour Barletti !!! Barletti est un brave homme, un solide Anversois.

— Etait, voulez-vous dire, Barletti est mort.

— Mort!!! s'écrièrent vingt voix furieuses, mort!! Conte-nous cela, Franck l'assommeur.

— Birague a ordonné qu'ils vinssent aussitôt à bord pour s'entendre avec lui.

Les deux concitoyens, habitués au respect de la loi, sont montés sur sa galère sans la moindre défiance.

Lorsque Birague les a tenus en son pouvoir :

— C'est vous qui me résistez en face? leur a-t-il dit.

— Nous obéissons à nos chefs, rien de plus, a répondu Barletti.

— Vos chefs, messires, c'est nous, c'est moi. Vous êtes sujets français.

Comme ils protestaient :

— Vous allez voir, a répondu Birague, le cas que je fais de vos franchises.

Il a fait tirer à boulets ramés à hauteur des chaînes et les a brisées, puis il est entré à toutes voiles dans le port.

— Les scélérats!!

— Ce n'est pas tout. Ils ont pendu le veilleur au mât de son bateau de chaîne. Puis, attachant un boulet aux pieds de Barletti, ils l'ont laissé trois fois tomber dans l'Escaut du haut de la grande vergue. A la troisième, Barletti s'est cassé les reins. Ils l'ont remis à terre où il a rendu l'âme au petit jour.

Un cri d'horreur s'échappa de toutes les poitrines.

— Vengeance!! cria-t-on. Il nous faut la vie du Birague, à mort le Birague!

— Sans doute! à mort! dit Van Velde, mais ce n'est

pas la peine de le crier si haut. Nous sommes réunis
pour exécuter cette sentence que vous venez de rendre
et dont nous ne doutions pas. Nous avons pris nos mesures, et nous sommes à même de faire d'une pierre
deux coups et de venger la jolie fille du marguillier de
Sainte-Gudule.

— Qu'est-il donc arrivé à cette belle fille?

— Ce qui lui est arrivé!! dit une voix ardente dont
les cordes vibraient douloureusement. Ce qui est ad-
venu à d'autres qui ne sont point encore vengées et dont
on vengera les meurtres.

Le vicomte d'Harsailly, que ses beaux yeux attiraient
autour d'elle et qui ne pouvait vaincre ses scrupules ni
par menaces, ni par promesses, s'est caché dans un
confessionnal de l'église durant sa nuit de veille.

Vous savez tous que Notre-Dame de Liesse, durant
sa neuvaine, a chaque jour sa veilleuse prise parmi les
plus sages et les plus recommandables de nos jeunes
filles.

C'était le tour d'Ursule. Elle était agenouillée
aux pieds de Notre-Dame de Liesse, sous la protection
de la patronne d'Anvers, les cierges brûlaient, il y avait
des fleurs bénies sur tous les autels.

Le Français guettait dans l'ombre. Lorsque les derniers fidèles se sont retirés, son heure est venue, à lui.

— Miséricorde!! Dans l'église, un sacrilége!

— A mort d'Harsailly!! à mort!!

— Et qu'est devenue la fille du marguillier?

— Après avoir subi ses violences, elle était restée,
bâillonnée, garrottée, dans une des chapelles latérales

de l'église. Elle s'est enfuie, pauvre folle de désespoir, jusqu'à l'Escaut. Ce matin les bateliers ont retrouvé son corps.

— A mort les Français!! cria-t-on de nouveau.

— Silence, s'écria René de Salcède, qui du haut d'une des tables de la taverne domina soudain ces cris et ce désordre. Le bruit nous perdrait. Nous allons, j'espère, nous venger en hommes. Et puisqu'il s'agit de vengeance, je ne dirai qu'une chose : Que celui qui vit assassiner son père et sa fiancée par ces princes infâmes prenne ici ma place et revendique avant moi ses droits d'offensé.

Dans une nuit terrible, la Saint-Barthélemy, l'un d'eux, le plus grand, le roi, a payé le poignard qui égorgea mon père, l'autre, ne pouvant forcer la vertu d'Urgèle Van Beeren, l'a empoisonnée comme un lâche, en fuyant. Si ces titres à une implacable vengeance, à une guerre sans merci vous paraissent suffisants, je réclame l'honneur de marcher à votre tête.

Il faut que toute cette race funeste périsse. Il faut jurer ici la mort de tout ce qui porte le nom de Valois. Il faut, pour commencer, que leurs amis musqués, qui violent nos femmes et insultent nos usages, gens habillés comme des femmes, ornés comme elles de bracelets et de boucles d'oreilles, pourris de vices monstrueux, périssent ici. Il faut que ceux qui nous bravent ainsi trouvent leur tombeau dans nos plaines, comme nos amis trouvèrent naguère le trépas dans les rues de ce Paris abominable. Que tout cœur résolu s'arme ce soir dans la ville, chassons-les d'Anvers d'abord, et demain...

— Demain, interrompit Van Velde, leur armée de vingt mille combattants, commandée par de bons officiers, gentilshommes, aussi braves que corrompus, reprendra la ville, la livrera au pillage et l'incendiera comme exemple. Il faut des choses pratiques, ami Salcède.

— Et qui vous dit, Van Velde, que je n'aie pas prévu le cas?

— Vous savez le moyen d'arrêter les Français qui campent à quatre lieues d'Anvers?

— Oui. Et le moyen de les faire périr jusqu'au dernier sans qu'il nous en coûte un homme.

— Oh! compagnon, vous vous avancez beaucoup.

— Parlez, crièrent mille voix: mort aux Français!!

— C'est là mon secret. Je ne puis, quelque confiance que je place dans tous les bons Flamands qui m'entourent, le révéler ainsi devant tous. Je consens à parler devant le conseil.

— Parle devant moi seulement, cela suffit, je réponds de tout, dit un homme qui, le chapeau rabattu sur le visage, s'était tenu dans l'ombre jusque-là.

En même temps le nouveau venu enleva son feutre. On reconnut le prince d'Orange. Un « vivat! » aussitôt étouffé par un geste impatient de Guillaume s'éleva de toutes parts.

— Silence, gronda-t-il, vous faites plus de tapage qu'une nichée de merles. Moins de mots, plus de besogne. Voilà de beaux conjurés qui crient comme si tous les Français étaient sourds. Si ce gentilhomme a quelque conseil sérieux à nous donner, je le veux entendre.

— Je suis aux ordres de monseigneur, répondit Salcède.

Les capitaines des Gueux, un certain nombre de gentilshommes prépondérants dans l'insurrection contre la domination française se réunirent dans un coin de la salle.

— Parlez, monsieur, dit le prince d'Orange. Vos paroles étaient graves tout à l'heure, et il est au moins imprudent de promettre à des hommes qui risquent leur bien et leur vie ce qu'on ne peut tenir.

— Monseigneur, je ne dirai qu'un mot. Les Français ont le nombre, les armes et le courage pour eux.

— Ajoutez une flotte qui a jeté l'ancre à Walcheren.

— Nous ne craignons pas la flotte, qui n'osera remonter l'Escaut.

— Bien, mais l'armée ?

— J'achève, monseigneur. Si les Français ont leur armée, nous avons nos polders.

— Eh bien?

— Nous crèverons nos digues. L'eau les gagnera de vitesse.

— C'est une raison, dit le prince d'Orange, dont c'était le mot lorsqu'une idée le frappait. Mais les Français nous attaqueront-ils? Nous ne pouvons en tout état de cause rompre la trêve les premiers.

— Les Français la rompront cette nuit, monseigneur, tous les rapports en font foi, et c'est là l'objet de notre réunion.

— Alors j'arrive à temps, messire, et je me rallie aussitôt à votre idée. Je prends dès à présent le commandement occulte de la ville d'Anvers, menacée dans ses libertés par les envahissements des hommes du duc François. Envoyez aussitôt des hommes aux endroits faibles des digues. La marée sera haute à trois heures du matin. Si un fanal vert est à cette heure arboré au sommet des tours de Sainte-Gudule nous serons maîtres de la ville. Les Français en auront été chassés. Les troupes de leur camp, sous le commandement de Joyeuse, marcheront sans doute sur le chemin d'Anvers. Le flot les prendra de flanc et les attendra en avant de nos remparts à Dixmude, à deux lieues d'ici.

Quant à moi, messieurs, je me charge de la flotte, si toutefois elle vient nous attaquer. Qu'au signal de la tour de Sainte-Gudule les digues soient rompues. Que la population mette à les détruire le même zèle qu'elle apporte à les renforcer lorsque la mer les menace. Les polders doivent être l'océan qu'ils formaient avant que nos industrieux Flamands les aient arrachés à la vague. La liberté n'est-elle pas le premier de nos biens? La liberté qu'on aliène ne se retrouve plus quand on la veut reprendre ; nous referons nos digues quand l'ennemi sera chassé.

Les ordres furent aussitôt expédiés.

Guillaume d'Orange, suivi du gantier Franck et de Van Velde, s'éloigna pour se préparer à soutenir le choc qu'on prévoyait, car l'amiral français, qui commandait à la fois la flotte et l'armée, pouvait d'un moment à l'autre suivre l'exemple de Birague et passer à travers les chaînes rompues pour venir jeter l'ancre dans le port d'Anvers, le drapeau fleurdelisé cloué au mât. C'en était fait dès lors des immunités flamandes et les pays d'Embas devenaient provinces françaises.

Cependant le succès qui suivit l'audace de Birague forçant les chaînes de l'Escaut, avait encouragé les gentilshommes qui formaient l'entourage du prince français.

Celui-ci était, comme nous l'avons dit, las de la résistance légale des pays d'Embas. Il voulait à son tour régner, sans contrôle, sans contre-poids. Les Etats étaient une gêne pour lui en tant qu'assemblée provinciale. N'osant jusqu'à cette époque les attaquer en face dans la crainte de n'être pas soutenu suffisamment, il commençait, depuis l'arrivée de l'armée de Joyeuse, venue en principe contre l'Espagnol au secours des Flandres, en fait pour le roi de France contre les libertés de ces pays turbulents, à reprendre courage et à projeter des entreprises nouvelles en faveur de son pouvoir encore mal affermi.

C'est ainsi qu'on avait applaudi à la cour du duc l'entreprise de Birague, canonnant pour les rompre les chaînes d'Anvers.

Les clameurs de la population catholique n'avaient guère non plus trouvé d'écho au sujet du crime de d'Harsailly. On voulait savoir jusqu'où irait la longanimité et pour cela on donnait pleine carrière à la licence.

Il y avait eu conseil à la fois au palais du duc et à l'hôtel de ville. Les bourgeois avaient résolu de résister à outrance aux prétentions des Français. De leur côté, les conseillers du duc se décidaient à tenter l'aventure.

Une fois maîtres d'Anvers, ils tendraient la main à leurs compatriotes, et la flotte de l'amiral de Joyeuse, qui stationnait à Walcheren, n'avait point d'autre destination.

Les espérances du duc François prenaient chaque jour une consistance plus sérieuse. Henri III n'avait point d'enfants. Les excès de toutes sortes auxquels il s'était livré, ses débauches avaient miné sa constitution, et le roi à trente-cinq ans semblait aussi affaibli qu'un homme de soixante.

La Flandre semblait devoir être réunie à la France, sort digne d'envie sous un règne moins étrange et moins discuté, si la misère, suite naturelle des effroyables guerres de religion, eût été moins générale. Mais les Valois étaient plus exécrés encore à l'extérieur qu'à l'intérieur, et les Flamands faisaient depuis plus d'une année l'expérience de ce joug fantasque et cruel.

Les chevau-légers de d'Harsailly reçurent l'ordre de quitter le camp et d'accourir à Anvers à l'heure même où les galères de l'amiral entreraient dans le port.

Toutes les troupes durent se tenir prêtes à marcher durant la nuit. On envoya à la municipalité, comme huit heures sonnaient, l'ordre de se dissoudre.

L'envoyé du duc François trouva les magistrats flamands préparés à sa visite, mais résolus à la résistance. Ils répondirent, comme plus tard les membres des Etats généraux de France, qu'ils n'avaient point à se séparer parce qu'ils tenaient leurs pouvoirs du peuple, tandis que le duc tenait les siens d'eux-mêmes.

En même temps le prince d'Orange donnait le mot d'ordre aux milices, rassemblait les restes des Gueux de mer pour la défense de l'Escaut, et préparait une résistance énergique. Nul doute que, si la présence de Guillaume eût été connue, les gentilshommes de l'entourage de François n'eussent regardé à deux fois avant de risquer l'aventure, mais là comme ailleurs on pouvait appliquer la fameuse sentence :

Quos vult perdere Jupiter dementat.

A dix heures les trompettes des chevau-légers sonnèrent, et les gentilshommes qui formaient la plus grande partie de cette troupe d'élite se précipitèrent dans la ville en poussant des clameurs victorieuses.

— Ville gagnée!!! criaient-ils.

Ils occupèrent les principaux postes de la cité, chassèrent les magistrats de l'hôtel de ville, et se livrèrent malgré leur nombre relativement petit à des excès de toutes sortes.

De leur côté les bourgeois se réunirent en troupes silencieuses et disciplinées vers les remparts et occupèrent en force les portes du nord, sur l'ordre de Guillaume.

— Monseigneur, vint dire un pilote, la flotte française vient d'entrer à toutes voiles dans l'Escaut, elle s'approche.

— Ne crains rien, répondit le prince, Van Velde est là.

Le tocsin sonnait à toutes les églises.

Les marins se réunissaient sur le port et, sur l'ordre du redoutable Gueux de mer, s'embarquaient sur tous leurs navires.

On se demandait de toutes parts quelles pouvaient être les raisons qui animaient le capitaine.

— Va-t-il nous faire aborder les grandes galères françaises garnies d'arquebuses et de caronades avec nos coquilles de noix ?

Mais Van Velde, interrogé, demeurait impassible.

— Des haches, dit-il simplement, lorsqu'on lui demanda si l'on serait armé.

On commençait à distinguer la magnifique escadre de Joyeuse remontant avec le flot le grand fleuve, et le soleil du soir se jouait dans les hautes voiles.

— Les voilà, criait-on, ils ont forcé les premières chaînes.

Les navires marchands fuyaient à toutes voiles devant les Français.

Les populations riveraines accouraient, craignant le pillage.

Le vieux partisan était toujours tranquille.

Monté sur une barque, reconnaissable aux couleurs flamandes qu'elle portait en flamme, il allait partout, excitant le zèle de chacun.

Lorsqu'il eut réuni deux ou trois cents bâtiments de commerce, faisant ordinairement l'échange avec l'Angleterre, il donna le signal d'appareiller, et l'Escaut disparut sous la toile de cette multitude de navires.

On n'alla pas bien loin.

A quelques centaines de pas on trouva la chaîne de péage et de sûreté encore brisée.

Van Velde commanda : Halte !

Les bâtiments formaient une ligne compacte qui eût donné aux boulets de Joyeuse une prise facile.

Aussi l'étonnement des Anversois était-il à son comble.

— Jetez l'ancre, dit le porte-voix de Van Velde.

On obéit.

— Coulez bas les navires, ordonna de nouveau le Gueux de mer, lorsque le premier avis eut été exécuté.

Il y eut un moment d'hésitation.

— Ordre du prince d'Orange, répéta le porte-voix.

On commença de frapper à coups de hache les navires, qui craquèrent, s'ouvrirent et coulèrent bas l'un après l'autre. Des barques recueillaient au fur et à mesure les équipages.

Une ligne de mâts qui émergeaient du fleuve remplaça la muraille de navires.

— Combien de pieds au-dessus des carcasses des vaisseaux coulés ? demanda Van Velde.

— Seize, répondit le sondeur.

— Encore, commanda Van Velde, d'autres navires. Une nouvelle ligne de vaisseaux vint mouiller au-dessus des premiers et eut le même sort. Les mâts formaient désormais un inextricable entrecroisement pareil à des chevaux de frise.

Le fleuve était désormais impraticable. A l'abri de cette barricade, les cent vaisseaux ou barques qui restaient se garnirent de tirailleurs et se disposèrent à faire le plus de mal possible aux galères françaises, si l'amiral les attaquait.

En même temps, une barque se détachait de la rive, barque de pêche qui ne se distinguait en rien des autres, et n'était montée que par trois hommes.

Néanmoins, cette barque pesamment chargée, à en juger par sa ligne de flottaison, s'avança résolûment au devant des Français, comme pour leur offrir le combat.

Qui étaient ces hommes? Des envoyés ou des combattants?

Le premier était René de Salcède; le second, qui ramait avec une merveilleuse énergie et faisait parcourir à la barque plusieurs brasses à chaque coup d'aviron, le gantier de Leyde, Franck l'assommeur; le troisième, Philippe à la corde.

René tenait le gouvernail et dirigeait droit à la galère amirale, reconnaissable à ses grandes dimensions et à l'amiral lui-même, resplendissant avec son armure dorée, et donnant ses ordres de l'avant même de son navire.

— Que veulent ces hommes? demanda Joyeuse, arrêtant d'un geste le pointeur qui se disposait à envoyer à la frêle embarcation un boulet de pierre qui l'eût fait rejoindre les poissons. C'est peut-être une députation des bourgeois désireux de se rendre à merci. Laisse arriver.

Le gantier, comprenant l'intention de l'amiral, hissa une voile triangulaire qui amena, en quelques instants, la barque dans les eaux de la flotte.

Du port et des deux rives du fleuve, comme de tous

les navires de la flotte, tous les yeux étaient fixés sur les compagnons, qui s'avançaient fièrement au devant de l'ennemi.

Lorsqu'ils furent à portée de voix, le capitaine d'armes de la galère amirale les héla.

— Hé ! de la barque, que voulez-vous ?

Personne à bord ne répondit.

La barque était à une demi-encâblure de la galère, qui les dominait de son avant sculpté à plusieurs étages.

— Arrêtez, continua le porte-voix, arrêtez à l'instant ou nous vous coulons.

Pour toute réponse, le gantier déploya toute sa toile et les deux autres compagnons saisirent les avirons. La barque vola sur les flots.

Mais du navire on avait déjà distingué l'étrange cargaison que portait cette barque.

— Feu ! feu sur la barque ! exclama Joyeuse. C'est un brûlot, il faut à tout prix le couler !

Un effroyable ouragan de fer et de plomb cribla les voiles de la barque et brisa sa mâture. Mais il était trop tard ; elle avait, avec la vitesse de la balle, atteint les eaux de la galère amirale, et tous les coups portaient trop haut. Les compagnons s'étaient jetés à plat ventre au-dessous des bordages, aucun d'eux ne reçut de blessures.

— Mort de ma vie ! gronda Joyeuse, nous allons sauter !

Philippe à la corde avivait en effet une mèche de chanvre soufrée. Mais l'amiral se trompait sur les intentions du Gueux de mer. Franck se contenta de jeter par-dessus le bord une vingtaine de tonnelets, qu'il brisait à mesure, et qui couvrirent le fleuve d'un liquide visqueux, lequel demeura sur les eaux.

Au dernier, il mit le feu.

Le flux qui avait amené les navires français était à son plus haut point. La nappe d'huile enveloppa les galères avec une rapidité extraordinaire, et, grâce à l'équilibre des eaux, ne remonta ni ne redescendit le fleuve.

La barque, abritée par les hautes murailles de la galère, était à l'abri de ses coups, et sa position empêchait que des autres navires on ne tirât sur elle, on eût coulé le vaisseau de Joyeuse.

En quelques secondes, l'huile s'enflamma et gagna de proche en proche. Une épaisse fumée sembla sortir des flots et aveugla les équipages qui perdirent la tête. Un effroyable « sauve-qui-peut ! » succéda à la première épouvante.

Grâce à cette panique, et surtout à la fumée, la barque évolua tranquillement et gagna, comme enveloppée dans un nuage impénétrable, la rive la plus proche, aux applaudissements frénétiques de la foule, que cet extraordinaire spectacle saisissait d'admiration.

Si large que soit l'Escaut à l'endroit où se trouvait la flotte française, le nombre de ses galères de guerre, et surtout des navires marchands de grand et de petit tonnage, servant à l'approvisionnement de l'armée, qui l'avaient suivie, formait un encombrement considérable, et empêchait tout mouvement qui eût pu utiliser le vent.

Il s'ensuivit un désordre sans nom. Les équipages des vaisseaux atteints par les flammes se jetèrent à la nage sans essayer de combattre l'incendie, et abordèrent sans armes sur la rive, d'où ils s'enfuirent dans toutes les directions, poursuivis par les soldats des milices flamandes qui en prirent un grand nombre.

Une bonne partie de ces malheureux se trouvèrent heurtés par les navires qui essayaient de reprendre le vent et de passer, grâce à leur taille, au travers de la flotte en écrasant les faibles, et se noyèrent. D'autres, brûlés par l'huile en flammes, poussaient des cris affreux et disparaissaient, jouet de ces deux éléments meurtriers d'accord pour les faire périr.

Les flammes couraient le long des bordages, s'attaquaient aux mâts, passaient leurs langues aiguës à travers les voiles avec des sifflements stridents.

Çà et là, quelque mât s'abattait dans la fournaise avec un bruit sourd, en couvrant le fleuve de milliers de charbons étincelants.

De temps à autre, une galère sautait, et l'explosion faisait trembler le sol et déborder sur les quais de l'Escaut les flots qui pénétraient dans les maisons.

En moins d'une heure, sans combat, la flotte française fut perdue ou prisonnière.

Tout eût péri si le reflux n'eût emporté bientôt avec lui ce liquide enflammé. Mais, ce qui restait de navires était, ou privé d'équipages, ou monté par des hommes affolés de terreur, qui se jetaient à genoux et tendaient les mains vers le rivage en demandant la vie sauve.

Une centaine de navires et quelques galères purent

s'échapper grâce au désarroi qui régna même chez les Flamands, épouvantés des terribles résultats de leur manœuvre.

Plusieurs milliers de prisonniers furent les résultats de cette victoire, qui ne coûta pas un homme aux Anversois.

— Voilà Barletti bien vengé, dit simplement Franck Ludderbroucq.

Lorsque la galère amirale calcinée et la quille en l'air passa devant eux, Philippe le Roux aperçut alors sur une épave un cadavre noirci par la flamme. Il le fit remarquer à Salcède.

Ce cadavre était encore couvert de son armure et tenait à la main une épée brisée.

— Tâche de repêcher ce cadavre, compagnon, dit Salcède ; c'est peut-être un chef.

Le Gueux de mer tira de son justaucorps sa merveilleuse corde, et, la jetant à la manière dont les Indiens lancent le *lasso*, enroula l'affût de caronade sur lequel le cadavre flottait, puis il attira le tout à terre.

Le mort était couvert d'une magnifique armure damasquinée d'or ternie par la fumée de l'incendie. Un lambeau de pavillon fleurdelysé le recouvrait comme d'un linceul.

— C'est l'amiral de Joyeuse, dit une voix qui fit tressaillir les compagnons, l'ami du roi Henri III.

— Voilà de la bonne besogne, enfants, continua le prince d'Orange. Dieu est pour nous, ce me semble, et voilà ses ennemis châtiés.

On lui amena son cheval de bataille.

— Le feu a fait son œuvre, dit-il en se mettant en selle, à l'eau de faire la sienne. Les Flandres sont une terre libre qui dévore, sans le secours des hommess ceux qui tentent de l'opprimer.

XVII

LE CAMP DE DISMUNDE.

Le soir de cette journée si fatale aux galères françaises, quelques-uns des hommes que nous avons vus au cours de cette histoire étaient de nouveau réunis dans le cabaret de Notre-Dame-de-Liesse.

— Eh bien, disait le prince d'Orange, joyeux et frappant l'épaule de Salcède. Voilà, je pense, compagnon, un succès qui vous venge et qui réjouira dans sa retraite où la maladie le retient cloué mon pauvre compère Van Beeren.

— Le docteur Van Beeren, répondit gravement Salcède, ne peut plus se réjouir de rien en ce monde. La mort de sa fille l'a frappé au cœur, et maintenant le malheureux vieillard n'a plus conscience de sa propre existence. C'est une grande intelligence éteinte.

— Cette maison de Valois est condamnée par Dieu après tant de crimes, mais quel bras vengera sur elle la justice offensée ? ces princes sont si puissants !

— Le vengeur existe, n'en doutez pas, monseigneur. C'est pour la liberté des Flandres que nous avons tué ce matin. Cela ne suffit pas pour venger tant de victimes. Il est des bras armés dans l'ombre, ajouta-t-il plus bas. Tous doivent périr, la mère et les enfants.

Guillaume d'Orange tressaillit.

— L'assassinat !!! murmura-t-il.

— Oui, l'assassinat, dit avec une singulière force le jeune gentilhomme. Et qui donc employa plus souvent que ces princes le poignard et le poison? qui donc méprisa plus les hommes et se joua plus des lois divines? Ils se sont condamnés eux-mêmes.

— Et qui les touchera? demanda le prince d'une voix à peine distincte.

— Moi, monseigneur. Je n'ai vécu que pour cela. Je mourrai content sur le cadavre du dernier des Valois.

— Cela est impossible, dit enfin Guillaume, revenu de l'émotion dans laquelle une telle résolution de la part d'un gentilhomme l'avait plongé. Dieu seul peut se charger de débarrasser son peuple des maudits d'Israël.

Si grands que soient leurs crimes, si justes que soient vos accusations, ils ne peuvent périr par vous que l'épée à la main dans les batailles. Il y va de votre honneur, mon enfant.

Le jeune homme secoua la tête, une sombre énergie se peignait sur son visage.

— J'irai seul, monseigneur, ma cause est à moi seul. Ces princes ne vont point où l'on combat. Ils ont peur des hommes. Ils tremblent devant les armes. Le duc d'Anjou se cachait en tremblant tandis qu'on poignardait mon père. Le duc d'Alençon empoisonnait ma fiancée pour ne pas avoir à me combattre en face. J'irai seul.

— Alors, pauvre jeune homme, digne d'une destinée plus haute, nous allons nous quitter ici. Je ne puis être votre complice si vous échouez ; si vous réussissez, ma gloire n'a rien à faire avec de tels guets-apens.

— L'heure est venue, monseigneur, de poursuivre sans relâche l'œuvre que je me suis assignée. J'aurais pourtant voulu rester soldat de votre pays et servir sous vos ordres.....

— Non ; renoncez à vos projets criminels, je n'aurai pas de capitaine en qui je place une plus grande confiance.

— Impossible, monseigneur. Conservez-moi le secret, vis à vis de nos compagnons et poursuivons chacun de notre côté la lutte commencée en commun. Frappez l'ennemi au cœur ; je tâcherai de le frapper à la tête.

— Prenez garde et songez encore que je suis dans ma loyauté forcé de prévenir nos adversaires, sous peine d'être accusé par eux d'être de votre complot.

Salcède devint pâle et ne répondit point.

— Je ne puis taire que votre nom, continua le prince.

— Alors, j'agirai. Adieu, monseigneur. Si Dieu avait marqué du même sceau que Votre Altesse tous les princes de la terre, des hommes tels que moi, sans espoirs et sans désir de vivre, ne se voueraient pas, au grand danger de leur vie future, à de semblables entreprises.

Il boucla son ceinturon, sortit du cabaret mystérieux

et, trouvant à quelques pas de là un cheval qui l'atten-
-dait, s'éloigna dans la nuit.

Guillaume d'Orange le suivit un instant des yeux.

— Il y a pourtant, murmura-t-il, des gens qui dou-
-tent du Dieu vengeur. Combien derrière chaque crime
de ces princes cruels, combien d'hommes ainsi embus-
qués dans l'ombre ? Combien attendent comme celui-ci
l'heure de frapper ?

Il sortit lui-même de la taverne, accompagné de Franck
l'assommeur et de Van Velde, et se dirigea vers les po-
ders.

En passant à la porte de la ville le prince monta sur
une des tours qui la flanquaient et il interrogea l'horizon.

Au loin, à cinq ou six lieues environ, le pays plat
s'étendait sans obstacles, coupé çà et là de villages et de
maisons isolées, qui éclataient dans le vert des cultures
par leurs toits de tuiles rouges. A l'extrémité noyée dans
la brume, une sorte de colline resplendissait de feux.
C'était le camp français.

Là on ignorait encore à cette heure, la tranquillité
de cette armée l'annonçait assez, le sort de la flotte de
l'amiral de Joyeuse. Le prince qui vivait au milieu de
ses troupes, donnait ce soir-là une fête à ses officiers. On avait chassé de Dismunde tous les habitants
pour que les officiers fussent logés plus à l'aise.

Sous une tente immense on dansait. La sécurité régnait, absolue et complète. Le lendemain on devait
prendre Anvers et la saccager un peu pour lui apprendre
à vivre. Que pouvait-on craindre ? Cette armée comptait
environ vingt mille soldats allemands, italiens ou fran-

çais. Jamais les Flamands n'en pourraient réunir une semblable, Guillaume tentait vainement d'y réussir.

— Il ne sortira jamais de ses marécages, disait d'Harsailly au duc, nous ne craignons point les grenouilles.

Le prince et son compagnon s'étaient à ce moment arrêtés auprès d'un groupe de vieux reîtres qui jouaient aux dés. L'un d'eux, balafré, figure de sacripant allemand, mais aussi d'homme de guerre, ce qui dans ces temps-là se ressemblait, prit soudain la parole en saluant le duc François.

— Excusez-moi, dit-il, j'ai servi sous le duc Guillaume et dans ce temps-là nous étions des grenouilles qui valaient bien vos Français. J'étais à cette bataille où devant Saint-Denis nous avons si bien ramené vos compatriotes. Demandez à la mémoire du connétable de Montmorency si je mens.

Le prince allait répondre, mais il s'aperçut que le malcontent était entouré de ses compagnons et comme, grâce aux prodigalités de la petite cour du duc, on ne payait pas régulièrement les soudards, il jugea bon de passer outre. Il entra dans la salle du bal.

Le reître regarda les autres soudards avec cet air ironique et goguenard qui appartient aux troupiers depuis qu'il en existe.

— Ce ne sont pas ces gens-là, dit-il, qui viendront à bout de Guillaume d'Orange.

— C'est la vérité, dit un autre, depuis que nous l'avons pour adversaire, je me sens mal à l'aise pour guerroyer. J'ai toujours crainte d'embuscade ou de ce ruses du diable dans lesquelles il excelle. Que médite-t-il à l'heure présente ? On le croit loin, peut-être est-il près et nous voit-il, tranquilles et sans souci sur cette colline. Avec des chefs pareils aux nôtres que peut-on espérer de bon ?

— Rien assurément. Nous avons entendu le canon gronder. Peut-être l'amiral s'est-il emparé d'Anvers?

— Oh ! que non, les Anversois ne sont point si faciles à surprendre. En outre, m'est avis que si Joyeuse avait surpris la ville, nous verrions le signal de victoire à quelque édifice de la ville.

En ce moment un courrier boueux, sanglant, monté sur un cheval qui tomba privé de souffle lorsque son cavalier l'arrêta, se présenta aux avant-postes que gardaient les reîtres allemands.

Ceux-ci se hâtèrent de le secourir, car il fût tombé lui-même de fatigue. C'était un soldat expédié de la côte par les navires échappés à la destruction et qui venait annoncer la perte de l'escadre.

— Eh bien, dit le reître, que pensez-vous de cette histoire ? Notre tour me semble près de venir, et m'est avis qu'avec ces galants qui dansent au lieu de veiller, nous ferions bien de nous échapper avant que pareille aventure ne nous arrive. Il n'y a pas loin d'ici au camp des Flamands.

— Non, dit un autre, les Français nous doivent, il faut qu'ils nous paient. Notre argent en poche, nous irons peut-être ailleurs, mais je n'ai point envie de perdre les cinquante ducats qui me reviennent.

— Et si tu perds la vie, imbécile, que feras-tu de tes

cinquante ducats que sans doute tu ne verras jamais?

— Bah!! je ne vois pas les choses en noir, moi, on ne mettra pas le feu à nos arquebuses, peut-être?

En ce moment le duc et ses officiers, prévenus par l'envoyé, sortaient consternés de la salle de bal. On redoutait dans le conseil une attaque de vive force. Mais les gentilshommes qui entouraient le prince eurent beau interroger l'espace, la nuit calme et les bruits que le vent apportait, rien n'indiqua la marche d'une colonne ennemie, ni le roulement des lourds chariots portant l'artillerie.

— Il faut nous mettre en route, dit d'Harsailly, il n'est point sage d'attendre l'attaque des milices dans nos lignes. Il est minuit, nous pourrons attaquer la ville au point du jour.

Cet avis prévalut. Les trompettes sonnèrent le réveil par tout le camp. On prit ses rangs tant bien que mal après un tumulte inexprimable, et l'avant-garde commença de descendre dans l'obscurité les pentes de la colline.

Mais dès que l'armée se fut engagée de quelques milliers de pas sur la chaussée une forte odeur marine commença de se répandre sur la plaine à travers le brouillard qui couvrait les prairies. Ce brouillard devint lui-même plus intense, et à travers la brume qui ne permettait point de distinguer les objets autour de soi, on entendit un bruit étrange, continu, semblable à un grondement sourd du tonnerre.

Nul ne put, des officiers ou des soldats, se rendre compte de ce qui pouvait causer ce grondement insolite.

Les animaux seuls parurent se rendre compte d'un danger lointain et inconnu, et quelque désordre se mit dans les attelages et parmi les chevaux des cavaliers.

Cela dura quelque temps, puis le fracas s'apaisa dans la nuit et fut remplacé par un immense murmure, ou plutôt par un frémissement qui arriva de tout lcs points de l'immense arc de cercle dont le camp semblait être le centre et qui touchait de toutes parts à la mer.

Le brouillard ouaté qui s'étendait partout rendait ce mystère plus extraordinaire encore. Puis des ombres rapides apparurent le long de la chaussée, fuyant avec la rapidité de l'éclair.

De grands bœufs affolés escaladèrent le talus et traversèrent la digue. Puis ce furent des troupeaux entiers de moutons et de chèvres, clamant d'une lamentable façon.

Tout à coup l'avant-garde s'arrêta sur le bord d'un précipice ouvert devant elle. La chaussée, emportée sur un espace considérable, avait disparu. On entendait au-dessous comme un clapotement.

Un soldat se laissa glisser à bas de sa monture et essaya de percer l'obscurité; il n'aperçut rien qu'un éboulement noir.

— Descends, Lorrain, lui cria-t-on, descends; il semble qu'il existe un marais dans ce bas-fond. Vois si la route est praticable à pied.

Lorrain descendit à tâtons, à quelques pieds au-dessous il trouva l'eau et sentit qu'un courant violent, venant de la mer, traversait la chaussée. Il remonta.

— Il y a là une rivière, dit-il, mais elle coule d'étrange façon, elle semble remonter vers sa source.

L'officier d'avant-garde crut devoir prévenir le prince de ce qui survenait. François accourut lui-même. La route était coupée. Il fallait aviser. Une lueur de vérité sur cet inexplicable événement entra dans son esprit.

— Les digues de la mer sont rompues, pensa-t-il.

— Va chercher de l'eau à ce courant, ordonna-t-il au soldat.

Lorrain obéit et revint sa gourde pleine. L'eau était salée. Il n'y avait plus à douter. La chaussée était enlevée sur une demi-lieue d'étendue. Le terre-plein sur lequel se trouvait l'armée, miné lui-même par les eaux, menaçait à chaque instant de s'écrouler à son tour. On sentait la terre trembler sous les coups sourds et répétés des vagues.

A droite et à gauche, deux abîmes invisibles.

On commanda la retraite; heureusement on avait fait peu de chemin et le camp n'était point encore tout à fait évacué.

On revint au point de départ, et les hommes, muets et consternés, de l'armée française, ne sachant comment conjurer ce péril inconnu dont on leur cachait encore toute l'imminence, s'entassèrent, pressés sur les pentes de la colline de Dismunde.

Le flot commençait à les resserrer de toutes parts dans cet asile.

D'Harsailly et Birague ouvrirent l'avis de gagner à

cheval, puisqu'il en était peut-être encore temps, la chaussée de Tournay.

Les chevau-légers, les reîtres et tout ce qui put s'emparer d'une monture n'attendirent pas les ordres, et s'élancèrent à toute vitesse sur cette route qui émergeait encore de l'eau.

Celle-là du moins, protégée par la colline sur laquelle campait l'armée française, résistait jusque-là et n'avait point, comme la chaussée d'Anvers, été exposée à tout le poids des eaux de crevasses compromettantes. Mais si la chaussée n'était point coupée au moins en plus de vingt endroits, lorsque son niveau s'abaissait, était-elle traversée par de véritables torrents chargés d'épaves énormes, arbres, maisons détruites, troupeaux surpris et voguant en dérive avec des bêlements plaintifs.

Les cavaliers les plus hardis franchirent heureusement ces fleuves improvisés par la débâcle, mais une multitude de chevaux affolés demeura sur le bord, barrant la route aux autres, qui se jetèrent à la nage pour aborder la chaussée sur l'autre bord du courant.

Beaucoup se noyèrent. Mais quand l'infanterie, débarrassée de ses armes et poussant des clameurs épouvantables, arriva derrière ces cavaliers, il y eut une scène inexprimable. Les reîtres allemands s'attachèrent par bandes à la queue des chevaux et les poussèrent à l'eau avec la pointe de leurs poignards.

Ce fut le salut pour quelques-uns, mais la furie des eaux emportait la plupart de ces malheureux animaux, entravés par le poids de ces hommes qu'ils traînaient après eux.

Le plus grand nombre des fantassins demeura, ne pouvant mieux faire, sur la colline de Dismunde, attendant le jour pour prendre un parti, n'écoutant plus que l'indiscipline et la colère contre ceux qui les avaient mis en un péril semblable.

Le duc d'Alençon, pâle, privé de ses amis, qui, l'ayant abandonné, avaient franchi heureusement, grâce à la force de leurs montures, les difficultés de la chaussée de Tournay, demeurait au seuil de sa tente, entouré d'un petit groupe de beautés faciles, venues au camp de Bruxelles ou de Bruges et qui poussaient des cris désespérés, bien faits pour amollir le cœur d'un prince mieux trempé que le faible François.

On demandait de toutes parts des barques, sans songer que ce pays, actuellement disparu sous dix pieds d'eau, était tout à l'heure encore couvert de cultures.

Le malheureux prince eût bien voulu qu'il existât une seule de ces barques qu'on appelait, il se fût enfui.

Fuir! fuir sans regarder derrière lui, était à cette heure sa seule pensée. Il sentait monter autour de lui la fureur de ses mercenaires. Il voyait venir le moment où sa dignité de prince de sang royal, encore si puissante sur les hommes de cette époque, ne retiendrait qu'imparfaitement ceux qu'avait perdus sa négligence.

Il tremblait de peur.

Les tortures lui apparaissaient dans toute leur horreur bien connue, cette horreur qui attirait autour des gibets et des salles de torture les derniers Valois dans leur curiosité malsaine. Seulement il éprouvait lui-même comme un avant-goût de la mort, les affres de ceux qu'on va supplicier.

Déjà, il ne pouvait plus répondre aux imprécations qui l'accablaient.

La voix s'arrêtait dans sa gorge, il était livide, atterré, et, de quelque côté que son esprit se portât, il se voyait perdu.

Quand même ses soldats l'épargneraient, demain il serait pris par les Flamands qui viendraient recueillir leurs prisonniers dans les batelets de l'Escaut. Il servirait de risée à ces hommes qui paraissaient se soucier fort peu des princes et qu'il avait humiliés et pressurés

Sous le poids de ses pensées, il rentra dans sa tente et demeura pensif, la tête cachée dans ses mains.

Le salut ne pouvait venir que de Dieu. Tout à coup la toile de la tente se souleva lentement et sans bruit. Un vieillard, d'apparence encore vigoureuse, pénétra en rampant jusqu'auprès du duc et lui toucha le bras.

François poussa un cri de détresse, il croyait son heure venue.

— Ne craignez rien, monseigneur, lui dit l'inconnu à voix basse.

— Qui êtes-vous? que me voulez-vous? interrogea le duc.

— Je veux vous sauver.

Un éclair de joie sans bornes parut dans les yeux du prince.

— Me sauver!! dit-il. Et comment? Comment traverser le camp?

— Il est vrai qu'il faudra quitter vos soldats.

— Et que me font ces mercenaires! Si tu me sauves, bonhomme, comme tu me le proposes, ta fortune est assurée.

— Lâche! murmura le vieux Flamand qui portait le costume des mariniers de l'Escaut, et dont le grand chapeau de feutre dissimulait les traits.

Le prince n'entendit pas cette exclamation.

— Parle vite, dit-il en tendant une bourse pleine d'or au matelot. Comment ferai-je?

— Suivez-moi seulement, dit le pêcheur en refusant la bourse.

— Mais, dit François avec un geste de crainte, si je ne puis payer ton dévouement, qui m'assurera de lui?

— Nous risquons la mort, on ne peut la payer.

En même temps, le vieillard tira de dessous son épaisse vareuse un costume semblable au sien. Le prince s'en revêtit.

— Maintenant, murmura-t-il, comment traverserai-je les rangs de mes soldats sans être reconnu?

— Suivez-moi, répondit avec impatience le vieux pêcheur, et ne tremblez pas. C'est à votre terreur seule qu'on pourra vous reconnaître.

Un des côtés de la tente du prince était adossé à une haie vive qui descendait jusqu'à la prairie maintenant couverte d'eau. Cette haie était coupée çà et là par les feux de bivouac des fantassins allemands, autour desquels régnait une extrême agitation.

Le pêcheur et son compagnon se glissèrent à plat ventre jusqu'à l'un de ces groupes. Ce groupe se composait de quatre hommes plus exaltés que les autres et qui ne parlaient de rien moins que de brancher le duc à l'un des arbres de la colline.

— Cela servira d'exemple aux autres, criait-on.

Soudain le pêcheur se leva, et tirant par son hoqueton le reître qui parlait ainsi :

— Silence! lui dit-il. On peut vous sauver. Cela est plus pressé que de pendre les autres. Mais ne faites pas un geste qui puisse être compris ou interprété, vous vous perdriez vous-même, car je n'ai qu'un batelet qui ne peut porter toute l'armée.

— Dis-tu vrai? répondit le soldat, lequel, ainsi que ses trois camarades, avait écouté le pêcheur sans se retourner. Où est ta barque?

— Contre le pont de Dismunde, sous les saules. Je me suis caché jusqu'à présent, parce que je craignais d'être pris, ainsi que mon compagnon, pour quelque espion des Anversois. Si vous pouvez nous dissimuler par un stratagème quelconque jusqu'aux alentours du batelet, nous nous embarquerons ensemble.

— Tope, dirent unanimement les soldats. Nous allons feindre de vous arrêter et de vous conduire au capitaine. En longeant le pont, vous vous jetterez, toi et ton compagnon, dans l'eau. Nous vous rejoindrons l'un après l'autre.

On exécuta l'affaire telle qu'elle était proposée. Les soldats ne se doutèrent point de la ruse, et, quelques minutes après, les reîtres, le prince déguisé en aide batelier et le vieillard filaient sous les saules dissimulés par les branches à demi submergées.

La traversée fut silencieuse. Le faux pêcheur ramait de toutes ses forces, et le mystérieux marin tenait le gouvernail.

On aborda après une heure de navigation à une tour bâtie sur un roc isolé contre lequel la mer venait battre de toutes parts.

Le vieux matelot frappa trois fois dans ses mains. Une plate-forme descendit par un jeu de poulies jusqu'au prince et à ses compagnons.

— Montez, messieurs, dit le marin, c'est le seul moyen de pénétrer dans mon logis.

— Ma foi !! répondit un reître, votre logis, fût-il celui du diable lui-même, serait le bien-venu après une pareille nuit. Sans votre assistance, compère, nous étions perdus.

XVIII

LA TOUR DES CORNEILLES

Ils entrèrent, grâce à la plate-forme qui remonta seule lorsqu'ils s'y furent installés, dans une pièce circulaire assez vaste, éclairée par la coupole même de cette tour, qui semblait un ancien phare à demi ruiné.

La salle dans laquelle on pénétra de cette manière était de la même dimension que la tour elle-même, et comme elle, de forme ronde. Cette tour était une ancienne résidence des guetteurs qui précédèrent sur les côtes basses l'établissement des phares.

Abandonnée depuis longtemps, sa robuste carcasse de granit avait cependant résisté aux durs assauts de la mer, du vent et des années. Mais, à l'intérieur, les chauves-souris, les hiboux, tous les oiseaux nocturnes y promenaient leurs vols tournoyants et silencieux, vivant là paisiblement, et leurs générations sans nombre s'y succédaient comme dans un asile inviolable.

Au dehors, dans les interstices des pierres déracinées par les ouragans, des nuées de corbeaux accouraient de tous les points de l'horizon, nichant en ce lieu

11.

de préférence à tout autre, et emplissant les airs de leurs croassements lugubres.

Ce choix étrange avait valu à l'édifice, outre la mauvaise renommée qui s'attache à ces oiseaux porteurs de mauvaises nouvelles, le nom de tour des Corneilles.

Les paysans et les pêcheurs se signaient en passant devant la tour des Corneilles, et nulle habitation, depuis deux cents ans, n'avait osé venir s'abriter sous son ombre sinistre. Aussi demeurait-elle seule en présence de l'immensité, sur la grève déserte.

Cependant, elle n'était point toujours aussi déserte que l'imagination du vulgaire se plaisait à le supposer.

Si la partie supérieure de la tour servait de palais aux orfraies, les étages inférieurs où l'on descendait par un escalier taillé dans le granit même de la tour, étaient demeurés dans un état de conservation relativement extraordinaire. Il semblait que des êtres, plus hardis que les autres, vinssent de temps en temps y habiter, à en juger par la propreté du sol, débarrassé des excréments d'oiseaux et par le foyer dont la dalle conservait une cendre récente.

C'était là, en effet, un des refuges des Gueux dans leur aventureuse carrière. C'était dans cette tour que leurs chefs se réunissaient à l'abri des curieux, pour y organiser leurs rapides expéditions et leurs croisières. C'était là qu'ils cachaient leurs armes et les dépouilles de l'ennemi, car la tour possédait, à l'insu de sa légende, d'énormes souterrains creusés dans le roc même et communiquant avec la terre ferme par une galerie de deux ou trois cents toises de longueur.

Le prince, en entrant, trouva un grand feu flambant de débris de navires devant lequel il put sécher ses vêtements mouillés. Son compagnon emmena dans les étages inférieurs les soldats allemands, auxquels il donna, pour apaiser leur faim, quelques mets grossiers, puis les engagea à se coucher jusqu'au jour et jusqu'à la marée basse, la rupture des digues étant cause que la tour demeurait entourée d'eau de toutes parts.

Puis, le vieillard entra dans une pièce soigneusement fermée et dissimulée. Cette pièce renfermait un grand nombre d'appareils bizarres et de cornues alchimiques.

Un foyer surélevé en briques se voyait dans un coin, et dans un grand fauteuil de cuir un second vieillard, bien connu celui-là, puisqu'il n'était autre que Van Beeren, était assis dans une attitude affaissée; son regard atone et vague semblait contempler les objets sans les voir.

Cependant, de temps à autre, ce regard reprenait comme un reflet de son ancienne flamme. On voyait l'effort constant de l'intelligence contre son propre anéantissement et ses fréquentes victoires.

La vue de ces appareils de science spéculative semblait avoir rendu au vieux docteur une partie de ses facultés. Il jouait machinalement avec les cornues et les alambics, et feuilletait distraitement un in-folio qu'il avait trouvé sur une table.

Ce cabinet servait aux partisans, durant la guerre des Gueux, à la fabrication de fausse monnaie espagnole, admirablement imitée, avec laquelle les habitants des

Flandres payaient quelquefois les contributions exces-
sives dont ils étaient frappés.

Lorsque le pêcheur entra dans cette pièce, il contempla quelque temps le visage morne du docteur. Un
profond soupir s'échappa de sa poitrine. Depuis la mort
d'Urgèle, le vieux savant n'était plus reconnaissable.
L'énergie, dont son visage portait l'empreinte et qui,
durant tant d'années, avait fait de lui un adversaire si
redoutable et l'un des champions les plus utiles de
l'indépendance des Flandres, ne s'y rencontrait plus.
Cependant, au bruit de la porte qui se refermait, Van
Beeren leva les yeux. Il ne reconnut pas sans doute le
nouveau venu, car il fit un geste d'étonnement.

— Qui êtes-vous? demanda-t-il d'une voix dont on
ne reconnaissait plus l'accent bref et fier d'autrefois.
J'attendais mon fils René qui m'a conduit hier soir ici.
Mais l'enfant ne revient pas. Est-ce lui qui vous envoie?

Pour toute réponse, le pêcheur enleva la perruque et
la barbe grises qui dissimulaient ses traits, et la figure
grave de René de Salcède apparut.

— Pourquoi ce déguisement, mon fils? interrogea
le vieillard.

— Père, demanda le jeune homme, je viens d'accomplir une œuvre difficile et la Providence m'a aidé.
C'est presqu'un miracle que notre succès. Le moment
est venu de vous dire ce que j'attends de vous. Ras-
semblez vos esprits, mon père, jamais plus solennelle
occasion ne se présente de retrouver, ne fût-ce que pour
une heure, cette science qui vous fit si célèbre.

— Je ne vous comprends pas, mon fils. Il est vrai que,

sous le coup terrible dont m'a frappé la mort de ma fille, je ne sais quel voile noir et sombre s'est étendu sur mon âme et sur ma mémoire. Excepté le blanc et pur fantôme qui flotte éternellement devant mes yeux, rappelant celle qui vous fut destinée, rien ne s'arrête en moi, tout flotte incertain. Cependant, soit que ma douleur s'endorme ou que mon esprit se réveille, je me sens aujourd'hui les idées plus lucides, ce voile dont je parle semble s'être écarté. Que voulez-vous de moi, René, et pourquoi donc m'avez-vous amené ici? De quel miracle venez-vous de me parler?

— Mon père, si le meurtrier d'Urgèle était entre vos mains?.....

Van Beeren se leva soudain. L'incertitude et l'effarement de la pensée avaient disparu de son visage comme par enchantement. Une indescriptible colère alluma tout à coup son regard.

— Si Dieu me faisait cette grâce de l'avoir entre mes mains, si vieilles qu'elles soient, j'inventerais quelque supplice nouveau, dont le monde frémirait, pour me venger du mal qu'il m'a fait. Mais c'est impossible cela, mon fils, les Valois sont des princes bien gardés, et certes, un pauvre vieillard tel que moi, privé de son bien le plus cher par leurs mains impies, ne pourra cependant rien contre eux.

— Peut-être, mon père. Je vous ai parlé de miracles.

Van Beeren marcha sur lui d'un pas ferme. Aucune trace d'hésitation ne se montrait désormais dans sa démarche. Il redressait son corps amaigri de toute sa hau-

teur. Il se retrouvait en pleine possession de lui-même,
le nom du meurtrier détesté de sa fille avait suffi pour
accomplir ce prodige.

— Parle, mon fils. Tu le tiens donc, ce misérable ?

— Eh bien, oui, mon père.

— Et tu as pensé qu'il fallait un bras encore vigoureux, mais résolu, implacable, une âme sans peur,
un cœur de bronze, sur qui le monde s'écroulerait sans
l'ébranler. Est-ce cela, dis ?

— Ce n'est pas là ma pensée, mon père.

— Cela doit être ta volonté, René, parce que c'est la
mienne. Je veux que le duc d'Alençon périsse de ma
main. Je veux sentir mon poignard s'enfoncer lentement dans sa poitrine, entendre ses cris, ses prières,
ses supplications ; car c'est un lâche, il suppliera,
comme il a entendu, sans en avoir pitié, les cris de
ma pauvre fille assassinée. Où est-il cet homme, René ?

— Il est en mon pouvoir, mon père, et votre vengeance, si elle n'a point ces raffinements que votre
douleur et votre ressentiment peuvent souhaiter, ne
vous échappera point. Elle sera plus complète encore.
Il faut que cet homme meure, ce n'est que justice ; mais
qu'est-ce que la mort ? une angoisse d'une seconde qui
nous débarrasse des maux de la vie. Est-ce donc là,
même pour le misérable qui la redoute, un véritable
châtiment ? le châtiment de vingt ans de crimes, vous
ne le pensez pas ?

— Que prétendez-vous donc contre le prince ?

— Je veux non-seulement qu'il meure, mais qu'il se
sente périr, je veux qu'il ait une agonie de plusieurs

mois, s'il se peut, d'une année peut-être. Je veux que sa mort soit lente et vienne d'une de ces maladies qui ne pardonnent point. Je veux qu'il sente s'en aller du même pas la puissance, la force, la santé, la jeunesse, la vie enfin; que la mort qu'il a prodiguée autour de lui suivant le besoin de ses passions, lui arrive peu à peu, qu'il en sente les effets; je veux qu'il souffre, qu'il meure peu à peu, souffle à souffle, comprenant la grandeur des biens qu'il perd et la torture des maux qu'il subit.

— Mais comment cela? dit Van Beeren, rêveur et saisi de crainte de voir sa haine si violente dépassée de cent coudées par la haine de ce jeune homme grave et sombre, qui voulait créer, comme l'Eternel, un enfer à son usage. C'est là l'œuvre divine et non la nôtre.

— Ce sera la nôtre, mon père, si vous m'aidez.

— Parle, dit le vieux savant irrésolu.

— Ecoutez-moi, mais ne me jugez point, mon père. Je ne laisse ce soin qu'à celui qui n'a permis tant de crimes que parce qu'il savait qu'un jour, un instrument obscur les punirait à la fois. Vous êtes dans un cabinet d'alchimie où souvent les habiles de notre parti, les rêveurs, si vous voulez, ont tenté, dans le but patriotique de soutenir la guerre nationale, de retrouver la pierre philosophale, le secret de faire de l'or.

Tous les moyens que la science peut mettre entre les mains de ses adeptes ont été réunis dans ce caveau mystérieux. Tous les minéraux ont ici leurs échantillons dans les caisses que vous touchez du pied.

— Où voulez-vous en venir, René? s'écria Van Beeren

saisi d'épouvante, car il commençait à percevoir les vues du jeune homme.

— Je vous ai amené ici, mon père, pour vous venger, je vous le répète. Vous savez toutes choses, il faut que vous me composiez un de ces poisons d'Orient qui tuent à distance, qui donnent le germe d'une maladie interne impitoyable et qui éteignent la vie dans ses sources par une marche lente, implacable.

— Moi !!! Moi !!! mon fils ! User de cette noble science dans un but semblable ! Moi, descendre, après une vie d'honneur et de gloire, jusqu'au crime !

— Si vous refusez, ce sera l'absurde poignard qui fera son œuvre. Je n'aurai vengé que moi-même. Avec vous nous vengerons l'humanité tout entière. Rappelez-vous que le poison a tué votre fille. Ici, c'est le talion, la peine la plus juste.

— Vous avez raison, mon fils. Après tout, c'est la main de Dieu qui punit ici un grand criminel. Laissez-moi seul. Dans une heure vous aurez votre... moyen. Que Dieu pardonne à un père désespéré.

René de Salcède quitta le vieillard et, après avoir repris son déguisement, remonta à l'étage supérieur où il retrouva le duc d'Alençon dans la même attitude, presque joyeux de cette fortune étrange du sort qui le sauvait, au milieu du péril commun, lorsque tant d'innocents périssaient.

— Maître, dit-il, réchauffé par la flamme de l'âtre qui illuminait joyeusement la voûte, vous avez bien tardé. Est-ce là votre demeure ? Elle est en vérité bien lugubre.

— Ce n'est point ma demeure, monseigneur. C'est un asile pour les pêcheurs surpris par la tempête sur cette côte inhospitalière.

— Et vous y êtes seul, aujourd'hui? interrogea le ducque la défiance reprenait aussitôt qu'il ressaisissait son empire sur lui-même.

— Seul, monseigneur.

— Où sont mes compagnons?

— Ils dorment, mais dans les dispositions d'esprit où monseigneur a pu les voir, je ne crois pas qu'il puisse réclamer leur appui.

— Non effectivement. Mais je ne pense pas que notre vie soit en danger dans vos mains loyales.

— Loyales et royales sont des termes habitués à vivre de compagnie, répondit évasivement le pêcheur.

— Oui, certes, fit vivement le duc. Mais je veux payer ce dévouement d'un inconnu à ma personne.

Le duc lui tendit une bourse pleine d'or.

— J'ai déjà refusé, monseigneur, dit-il hautaine-ment.

— C'est vrai. Votre nom, compagnon?

— Mon nom importe peu, monseigneur, il est humble comme moi-même, et les grands oublient si vite les services rendus, qu'il vaut mieux ne pas leur fournir les moyens de se souvenir.

— Vous êtes amer, camarade.

— Vrai seulement, monseigneur. Cependant je dois avouer à Votre Altesse que je ne suis pas si absolument petit que je n'occupe aucune place dans le monde. Je puis être un homme de bon conseil. J'ajouterai cepen-

dant, pour tout dire, que je suis un des adversaires de
votre parti.

— Serais-je donc votre prisonnier? interrogea le
prince saisi d'une nouvelle frayeur.

— Mon prisonnier!!! En vérité, de quels mots Votre
Altesse se sert-elle? Nous sommes gens de bonne foi et
de loyauté. Vous êtes absolument libre, monseigneur.
Je ne suis point un traître.

— Voyons le conseil! De qui vient-il? tout d'abord!

— D'un Gueux de mer, partisan du prince d'Orange,
mais plus Flamand qu'Orangiste. Vous faites fausse
route, monseigneur.

— Fausse route!! Quel langage vous tenez là, maître,
au duc des Flandres?

— C'est précisément parce que je suis en présence
du duc des Flandres que je parle ainsi. A François de
Valois, fils de Henri II, prince français sans héritage,
sans armée, sans argent, je ne ferais point de même.

— Parlez, monsieur, je vous écoute, dit François,
subjugué par le ton énergique et convaincu de son
interlocuteur.

— Monseigneur, vous vous attaquez à nous, qui
sommes vos alliés naturels, qui vous avons choisi, dont
nous sommes le véritable et libre apanage désormais.
Nous vous avions cependant fait l'un des princes les plus
puissants de l'Europe. Après la pacification, avec vos
alliés en France, vos domaines, vos places de l'Anjou,
vous étiez plus puissant que les Guise, presque aussi
puissant que le roi votre frère.

— Oui, mais les Flamands n'obéissent pas à leur prince, j'ai voulu les réduire.

— Les Flamands n'obéissent pas, monseigneur, mais ils suivent leur prince sur les champs de bataille et ne souffriraient pas qu'il fût inférieur à aucun des princes de la chrétienté.

— Avez-vous donc une mission près de moi, vous, monsieur, qui parlez si haut? dit le prince hésitant.

— De pareilles missions ne se confient point, monseigneur, elles tuent leur ambassadeur. Aussi ne parlé-je qu'au nom de la raison politique.

— Continuez.

— Monseigneur, vous êtes le seul héritier de la maison de France, mais le roi Henri n'a que trente ans. Il peut avoir des enfants. Il ne vous aime point. C'est vous dire qu'il en aura, ou du moins des héritiers. Ceux-ci, en tout état de cause, vous excluront.

— M'exclure!!! s'écria François, blême de fureur, moi, le fils de Henri II.

— Oui, monseigneur. Plutôt les Guise, pour le roi Henri, que vous-même. Pendant qu'il en est temps encore, tandis qu'ils sont encore adversaires, que les Guise, chefs de la Ligue, sont en lutte avec le chef de l'Etat, prenez parti pour les Guise, faites, s'il le faut, la guerre à ce frère qui veut vous spolier. Vous serez alors le maître de la situation. Vous imposerez alors votre volonté, et, si la Ligue se choisit un chef quelque jour, ce chef ne pourra être un autre que vous-même. Vous détrônerez un monarque qui ne règne que pour satisfaire ses vices, et ce jour-là vous apporterez à votre duché de Flandre la France entière en conquête pacifique.

— M'entendre avec les Guise, j'y ai bien songé, mais à qui se fier en ce monde pour une semblable mission? dit le duc visiblement ébranlé.

— Fiez-vous à celui qui vous parle. Quel gage meilleur vous pourrait-il offrir que vous avoir sauvé?

— Vous avez raison.

— Une lettre, monseigneur, qui m'autorise à conclure contre le roi de France, jusqu'à ce qu'il soit détrôné et remplacé par le duc des Flandres, une alliance offensive et défensive avec les Guise, chefs de la Ligue catholique; d'autre part, une lettre qui me permette de pénétrer au Louvre auprès de la reine-mère, m'accrédite à sa cour comme votre envoyé et me permette de vous tenir au courant de ce qui pourra se passer au Louvre?

— De pareilles lettres ne se peuvent confier qu'aux plus fidèles amis, aux hommes éprouvés.

— Comme il plaira à Votre Altesse. En ce cas, je vais lui servir le repas modeste d'une semblable retraite et je la reconduirai en terre ferme.

— Un instant, fit le prince, dont cet inconnu venait de pénétrer les plus secrètes pensées. Cela vaut bien qu'on y réfléchisse.

— Soit, monseigneur.

Après quelques minutes, le duc déchira une page de ses tablettes et écrivit ces deux lignes :

« A Monsieur le duc de Guise, à Paris.

« Mon cher cousin, je vous adresse le frère Jean, franciscain, chargé de mes compliments et de mes amitiés particulières; écoutez-le comme moi-même. Nos intérêts sont pareils. »

— Cela suffit, j'irai déguisé en moine, monseigneur.

— Pour ce qui est de ma mère, poursuivit le duc, revenez ici cette première mission terminée, et je vous donnerai les pouvoirs que vous me demanderez.

Le duc François lui tendit la lettre que le faux pêcheur serra dans son pourpoint avec un éclair de joie.

Sûr désormais de pouvoir jeter la discorde entre les princes français et servir ainsi le prince d'Orange, il se sentait assez fort, après avoir ourdi la trame, pour se rapprocher de Henri III et de sa mère.

— J'attendrai l'occasion, pensait-il. Elle viendra.

Il descendit ensuite au laboratoire.

— Maudit soit, dit le vieux savant, celui qui, m'ayant privé de mon enfant, a fait de moi un criminel.

— Mon père, je prends sur moi le crime, si c'en est un que de purger le monde d'une telle créature féroce.

Quelques instants après, Salcède, debout derrière le prince, lui servait, avec le cérémonial dû aux têtes couronnées en cette époque d'étiquette, un modeste repas de venaison, arrosé d'un vieux vin de Chypre dont il posa sur la table une antique et poudreuse bouteille.

Le duc, dont tous ces événements avaient épuisé les forces morales et physiques, fit honneur à ce repas improvisé.

— Voilà du vin vénérable, dit-il en élevant le verre à

hauteur de l'œil pour mieux admirer à la lumière la couleur de topaze de ce breuvage.

— Du vin d'épave, dit le pêcheur avec un singulier sourire, quelque navire arrivant d'Orient sera venu périr sur nos côtes et nos compagnons l'ont gardé sans pressentir l'honneur qui l'attendait.

— En vérité ce vin raffermit le cœur. Je ne sens plus la fatigue.

— Encore un verre, monseigneur. La nuit est froide, et la tour se sent des vents humides du nord.

Le duc but avidement un second verre, puis un troisième.

— C'est étrange, dit-il, jamais vin de Chypre ne m'entraîna dans de telles tentations. Il a comme un arrière-goût étrange qui me paraît délicieux. Encore, compagnon, encore !!

— Au trône de France, monseigneur ! dit René de Salcède.

Mais le prince, succombant à la force mystérieuse du breuvage qui portait avec lui la mort terrible dont avait parlé René, s'était soudainement endormi.

Le fils de François de Salcède, le fiancé d'Urgèle, veillait sur le sommeil du dernier rejeton de cette race des Valois qu'il venait de condamner.

— Et d'un, murmura-t-il, Dieu me donnera bien les autres.

Il sortit de la salle lorsqu'il vit le prince immobile et rendu insensible par le breuvage, et descendit à la salle basse où les soldats festoyaient de leur mieux. Il donna à l'énorme porte un tour de clef, poussa les verrous.

— Voilà, dit-il, quatre prisonniers qui n'auront pas coûté cher à messieurs les Flamands.

Puis il regarda la mer qui entourait encore de son reflux le pied de l'édifice.

— J'ai encore le temps, murmura-t-il.

Il remonta vers l'étage supérieur, prit dans ses bras le corps inerte du duc d'Alençon et le descendit dans la barque qui les avait amenés et qui dansait sur les vagues, attachée à un anneau scellé dans le rocher.

Les premières lueurs violettes de l'aurore commençaient à éclairer l'horizon.

Salcède étendit le corps du prince sur une couverture au fond de la barque et le considéra quelques instants. Il paraissait calme et souriant dans son sommeil léthargique. Seulement une écume rose apparaissait au coin des lèvres et les pommettes se coloraient d'un rouge vif.

René sourit.

— Van Beeren, pensa-t-il, ne m'a point trompé.

Il tendit une courte voile carrée au vent qui commençait à s'élever de la terre, et la barque s'élança rapidement vers la haute mer. Puis, lorsqu'elle fut en dehors des brisants dont cette côte basse est semée, elle prit une direction parallèle à la côte. Deux heures après on apercevait les hauts peupliers d'une île et sur le rivage des tentes et tout l'appareil d'un camp.

C'était l'île de Walcheren. Il y avait là deux ou trois mille soldats ou marins français, et dans une anse à une lieue de là, on pouvait distinguer les mâts de quelques navires échappés au désastre de l'Escaut.

C'était tout ce qui restait de la formidable expédition qui devait assurer au duc d'Alençon le pouvoir absolu sur les Flandres. René de Salcède reprit son déguisement de pêcheur et aborda résolûment.

— Compagnons, cria-t-il, voici un de vos Français que je vous ramène et que j'ai trouvé endormi de fatigue sur la chaussée de Tournay. Il paraîtrait que son cheval s'est noyé.

Les soldats étaient accourus à son appel; ils déposèrent à terre le corps du prince.

— Cela me fait l'effet d'un officier, continua le faux pêcheur, aussi, n'ai-je pas osé l'éveiller. D'ailleurs il semblait épuisé.

— Comment son cheval s'est-il noyé? demanda un officier qui s'était approché du groupe.

— Mais comme les autres!! répondit avec une feinte bonhomie le jeune Espagnol.

— Comme les autres!!! Parle, qu'est-il donc arrivé à l'armée?

En même temps l'officier considérait avec attention le duc qu'il croyait reconnaître sans pouvoir le nommer.

Salcède raconta ce que savent nos lecteurs, et quand le tumulte, les clameurs furent à leur comble, il profita de l'inattention générale, et, sautant dans son embarcation, poussa au large. A l'immense clameur qui s'éleva, il comprit qu'on venait de reconnaître le duc lorsque sa voile carrée s'effaçait à l'horizon.

XIX

LE MOINE FRANCISCAIN.

— Ouf !!! s'écria un grand gaillard sophistiqué sans doute, tant il semblait souple et privé de cette charpente osseuse que la nature a mise en nous et dont il paraissait démontrer la parfaite inutilité.

Il prononça cette exclamation de soulagement après avoir pénétré dans Paris par la porte basse, dite Barbette, la plus voisine de la Bastille. Et pour manifester mieux encore sa parfaite satisfaction, il franchit d'un bond avec une agilité extraordinaire une paysanne et son âne qui entravaient la rue devant lui.

La paysanne vit passer une ombre, poussa un cri, et les badauds s'émerveillèrent.

En même temps l'homme se retournait et attendait l'arrivée d'un moine franciscain qui, plus tenu au décorum, marchait silencieusement derrière lui.

Le moine ne put retenir un geste de mauvaise humeur.

— Ne peux-tu donc, camarade, te dispenser de cette

gymnastique, bonne à la foire du Landit, mais qui ne peut qu'attirer sur nous l'attention des gens?

— Ma foi, mon révérend, répondit l'agile personnage, il faut bien que je vous avoue que je suis le plus singulier compagnon du monde. Quand, il y a trois ans, j'ai quitté cette maudite ville, j'avais soif de grand air, d'aventures, de batailles, de navigations, j'allais retrouver mes anciens camarades, les Gueux de Flandre, et reprendre nos joyeuses campagnes dans le riche et bon pays des carillons, j'ai poussé le même soupir de soulagement que je n'ai pu retenir tout à l'heure.

Voici trois ans que je couche sous la tente quand ce n'est à la belle étoile, tantôt à Berg-op-Zoom, tantôt à Maestricht, tantôt à Namur, hier encore à Anvers. Je vous avoue que j'en ai assez. Ce n'est plus d'ailleurs de même qu'autrefois. Maintenant les paysans n'ont plus rien, ils meurent de faim chez eux, dès lors qu'y prendre? Où retrouver nos franches lippées? Les villes ont été pillées par les Espagnols la loi à la main, puis incendiées par eux. Sous les Espagnols, les mercenaires d'Orange ont encore glané; ces diables de Français ont pris le reste.

Que voulez-vous que je fasse en pareilles contrées? Les gens qui me devraient enrichir me demandent l'aumône, et comme je n'ai pas mauvais cœur, je m'appauvris. Et puis ces gens-là sont tristes. Voilà comment il se fait que, devenant vieux et tout rhumatisant, aimant mieux que jamais la dive bouteille et la fine gaieté, je saute d'aise de rentrer dans la ville du monde où l'on fête le mieux le vin et la joie.

Ma foi, camarade, vive Paris !

Le franciscain sourit et ne répondit point.

Il emmena son compagnon le long de la rue Saint-Antoine, encombrée de marchands de légumes et de soldats, que le voisinage de la Bastille attirait là. Il s'arrêta devant une auberge que dans les premiers chapitres de ce récit nous avons fait connaître à nos lecteurs.

Le Petit-Saint-Antoine avait toujours le même aspect flamboyant, réjouissant, reconfortant. Les broches, chargées de victuailles, continuaient comme par le passé à tourner devant le feu clair, et dame Roberge, grosse, grasse et proprette, en tablier d'une blancheur irréprochable, le haut bonnet de dentelles délicatement posé sur ses cheveux, hélas ! un peu grisonnants, se tenait comme autrefois sur le seuil de la porte, souriant aux flâneurs, arrêtant les uns, appelant les autres d'un geste, avenante pour tous et regardant d'un œil charmé la longue enfilade de ses tables blanches, que lavent les servantes, et qu'occuperont tout à l'heure ses nombreux clients.

Toutes les fenêtres sont ouvertes et l'on peut voir de la rue et surtout flairer la bonne odeur des mille casseroles, contempler les fruits empilés sur les crédences. Les filles chantent, les chiens aboient, le plus délicieux tohu-bohu règne malgré l'heure matinale.

— Entrons, dit le franciscain.

Les yeux du compagnon étincellent. Il n'est pas difficile de voir que le gîte a toutes ses sympathies.

En entrant, on coudoie un groupe de frères quêteurs

qui viennent de remplir leur besace aux dépens de dame Roberge à qui Dieu le rend bien.

Le compagnon, dans lequel nos lecteurs ont sans doute reconnu l'agile Philippe à la corde, passe tout contre les révérends, et avec une adresse incomparable, coupe la courroie de la sacoche dans laquelle le frère quêteur engouffre ses aumônes et la dissimule sous son pourpoint.

Le moine n'a rien vu, il est affairé de saluer le franciscain qui lui rend ses révérences.

On s'attable. Philippe montre en riant le fruit de son larcin.

Le moine lui reproche vertement son action.

— Péché d'habitude, répond en s'excusant l'ancien roi de l'Argot; voilà un pays !!! Décidément j'y veux mourir après y avoir bien vécu. Votre Révérence m'a servi en cette circonstance. Maintenant que nous voici au terme de notre voyage, ne dépouillerez-vous pas, gentil guerrier, cette affreuse souquenille? Quand les pays se négligent, les moines s'y mettent. Je n'aime pas les moines.

— Silence! Ce costume m'est nécessaire plus que jamais; grâce à lui, j'accomplirai la mission dont je me suis chargé.

Ils étaient placés auprès d'une fenêtre de l'hôtellerie et avaient en face d'eux, au milieu des boutiques et des échoppes de ce quartier populeux, un vaste et magnifique hôtel, dont les clochetons dominaient tous les toits voisins.

— Tu m'as affirmé, Philippe, que tu connaissais

admirablement tout ce quartier. Quelle est cette demeure?

— L'hôtel de Mayenne; monseigneur le duc est absent. Mais sa sœur, la duchesse de Montpensier, y réside en toute saison. L'hôtel est immense, et quelquefois il est trop étroit pour contenir la foule des gentilshommes qui se pressent autour des Lorrains.

En ce moment, l'œil expert du roi de l'Argot rencontra un autre groupe qui prenait son repas à une table voisine. Ces hommes ne quittaient pas du regard le porche de l'hôtel des princes lorrains, et l'un d'eux écrivait sur ses tablettes.

— Messire Gauvain, de la prévôté de Paris; un de mes amis, dit-il à voix basse au moine. Il m'a arrêté plus de quinze fois.

— Alors, fit Salcède, l'hôtel est surveillé.

— Cela me paraît clair.

— Mais dans quel but?

— Pour savoir les petites conspirations de la duchesse.

— Elle conspire donc?

— Toujours.

— N'y a-t-il point d'autres issues moins surveillées?

— Il y a d'autres issues, mais elles doivent être mieux gardées encore, parce qu'elles sont plus discrètes.

— Quelle femme est la duchesse?

— L'âme damnée de ses frères, toujours en éveil et ne laissant jamais chômer la cause. L'aiguillon du parti. Le duc de Mayenne prétend que sa sœur est sa fièvre quarte.

— Vieille sans doute?

— Vingt-huit ans.

— Laide?

— Des yeux de velours, de petite taille et d'un teint éblouissant. Au surplus, vous pouvez voir si je suis bon peintre. Voilà sa litière qui sort de l'hôtel de Mayenne.

En effet, la lourde machine qu'on appelait une litière à cette époque, escortée de plusieurs gentils-hommes montés sur de beaux genêts d'Espagne, sortait à cet instant de la porte cochère et prenait la direction de la porte Barbette.

La duchesse, selon toute apparence, allait le long de la Seine faire une promenade vers Conflans.

Salcède se leva vivement.

— Je te laisse, compagnon, fit-il; retourne à tes amis qui te réclament.

— Et si tu avais besoin de mon appui?

Salcède sourit.

— Je n'en aurai pas besoin, Philippe, dit-il. Ce que j'ai à faire ici ne réclame que moi. Je dois suffire à ma tâche.

Philippe à la corde le regarda avec cette expression toute particulière de finesse et de malice qui lui était propre.

— Allons, dit-il, j'ai trouvé vingt-quatre pistoles dans le sac de ce moine fainéant, je vais avec elles payer ma bienvenue de retour au royaume d'Argot. Il y aura fête chez les Argotiers. En vérité, les âmes charitables ne savaient guère où irait ce saint Pactole. Mais cependant, ajouta-t-il en baissant la voix, il faut songer que les embûches sont autour de nous. J'ai dans l'esprit que vous venez ici pour une œuvre ténébreuse où vous courrez quelque péril. Souvenez-vous de moi à ce moment. Quand vous voudrez me voir accourir, tracez une croix noire sur ce volet. Le soir, je serai près de vous.

— Et si j'étais prisonnier?

Philippe à la corde tira de sa poche une pièce de monnaie de forme bizarre.

— Donnez cela, dit-il, au premier pauvre que vous rencontrerez, je serai instruit de ce qui vous arrive.

Salcède serra la main de l'honnête voleur et s'éloigna rapidement à la suite du cortége de la duchesse.

Madame de Montpensier possédait dans les environs de Conflans, sur les pentes boisées de Charenton, une maison de campagne où elle se rendait alors.

C'était sur son passage comme un encombrement continuel de peuple. Le duc de Guise étant absent, la duchesse héritait de sa popularité. Elle donnait aux bourgeois des nouvelles de leur grand ami, et comme chacun savait la haine violente que madame de Montpensier portait au roi, le vœu qu'elle avait fait de le tonsurer, les ciseaux d'or qu'elle portait pour cette belle œuvre à sa ceinture, il ne manquait pas de gens pour crier Noël sur son passage; tant dans notre beau pays l'opposition et la fronde ont toujours eu de nombreux partisans.

Les couvents et le clergé s'étaient faits dans tout le

royaume le porte-voix de la Ligue. Aussi les moines de tous les ordres se succédaient-ils soit à Conflans, soit à l'hôtel de Mayenne. C'est par eux qu'on savait les nouvelles de l'association, sa vraie force et ses adhérents.

Aussi, à peine la duchesse fut-elle entrée dans la cour de son château et eût-elle mis pied à terre, qu'elle fut entourée.

Salcède s'était arrêté à la grille, et, voyant les nombreux religieux de tous les ordres que contenaient la cour et le péristyle, il se décida à y pénétrer à leur suite en rabattant de son mieux son capuchon sur sa figure.

Au moment où il s'approcha de la duchesse, il reconnut les trois frères quêteurs que Philippe à la corde avait dévalisés le matin.

— Nous venons de Clermont, madame, dit l'un d'eux, nous apportons la liste des adhérents de la ville et le produit d'une quête au profit de l'œuvre et destinée à équiper deux hommes d'armes. Mais ce matin, on a volé le frère porteur de la somme.

La duchesse les renvoya après leur avoir parlé bas.

A ceux-là d'autres succédèrent. Enfin l'écuyer aperçut le franciscain.

— A votre tour, mon père, lui dit-il.

Salcède s'avança.

— De quel couvent venez-vous? interrogea la princesse.

— D'un couvent de Tournay, répondit-il avec une intention qui n'échappa point à la duchesse.

Elle tressaillit, leva les yeux sur lui et, rencontrant ce visage martial, ces yeux étincelants d'audace et d'intelligence, elle reprit la conversation en espagnol.

— Vous n'êtes pas un moine? lui demanda-t-elle.

— Non, madame, mais un cavalier envoyé au duc de Guise pour affaire importante.

— Par qui?

— C'est un secret qui n'est point le mien.

— Alors, dit avec froideur madame de Montpensier, pourquoi venez-vous à moi?

— Pour que Votre Altesse m'aide à obtenir une audience du duc de Guise.

— Le duc de Guise est aux armées.

— On le dit, au moins.

— Cela est vrai.

— En ce cas, je m'en retourne auprès de celui qui m'envoie.

La duchesse hésita un instant.

— Me connaissez-vous, monsieur? interrogea-t-elle.

— Parfaitement, madame la duchesse.

— Alors vous savez quelle communauté d'idées me lie à mon frère.

— Oui, madame, dit Salcède en s'inclinant.

— Alors, confiez-moi le message, je le lui transmettrai.

— Impossible, madame.

— C'est donc le message d'un personnage important?

— D'un très-grand personnage.

— Est-ce un ami?

— Peut-être. En tous cas, un allié.

— Un allié qui s'offre. Quelque comte flamand?

— Mieux que cela, madame.

— Entrez avec moi au château, monsieur, dit la duchesse, je vous devine.

Salcède pénétra dans l'intérieur de l'habitation et fut introduit dans la chambre à coucher même de la duchesse.

— Qui êtes-vous? demanda-t-elle, lorsqu'ils furent seuls.

— René de Salcède, gentilhomme espagnol.

— *Hombre*, demanda la princesse toujours dans la même langue, tu n'as pas d'armes au moins?

Salcède laissa tomber sa robe de moine et parut vêtu d'un pourpoint de velours noir sans épée et sans poignard.

La duchesse frappa sur un timbre quatre coups à intervalles égaux.

Quelques secondes après, Salcède entendit un léger froissement derrière lui; une porte dans la tapisserie s'était ouverte, le duc François de Guise venait d'entrer.

Il contempla le nouveau venu de son regard profond et, lorsqu'il eut analysé cette belle tête, sur laquelle la loyauté se lisait:

— Vous m'avez demandé? ma sœur, dit-il en s'asseyant.

— Oui, mon frère.

Puis, regardant Salcède avec un regard de triomphe qui semblait vouloir dire :

— Vous allez voir que j'ai deviné votre mission.

— Mon frère, dit-elle, voici M. de Salcède que nous envoie, selon toute apparence, le duc Guillaume d'Orange.

— Non point, madame, dit en s'inclinant le gentilhomme, mon seigneur est un plus puissant prince.

— Un plus puissant prince que Guillaume d'Orange! exclama la duchesse.

— Oui, madame.

Le duc de Guise, malgré son empire sur lui-même, s'approcha vivement du gentilhomme.

— Vous avez, lui demanda-t-il, des ouvertures à nous faire au nom de l'empereur d'Allemagne?

— Cette fois, monseigneur, vous avez dépassé le but. Son Altesse le duc d'Anjou, duc de Flandres et de Brabant, m'a chargé de vous proposer une alliance et de vous apporter son adhésion absolue à la Ligue.

— Le duc François! s'écrièrent à la fois le duc et sa sœur.

— Lui-même, monseigneur.

— Et quelles sont ses conditions? interrogea le duc de Guise, redevenu maître de son visage, bien que le cœur lui battît en songeant au précieux auxiliaire que la fortune lui envoyait ainsi. Mais vous devez avoir une lettre qui contient ces propositions et vous accrédite?

René de Salcède offrit au duc la lettre signée du duc de Flandres.

— Quant aux conditions, monseigneur, ajouta-t-il,

Votre Altesse ne peut supposer que j'aie accepté de lui en apporter d'aussi graves, en courant le risque d'être arrêté dans ce voyage par les émissaires du roi de France, ou que le duc François ait consenti à m'en confier de semblables ?

— Voyons, alors, dit le duc de Guise défiant, ce que valent vos offres.

— Le trône de France pour celui qui m'envoie, en y réunissant les Flandres, la reconstitution du duché de Bourgogne pour la maison de Lorraine, en y ajoutant ses apanages en toute suzeraineté.

Les deux membres de cette ambitieuse famille se regardèrent un moment sans parler. La proposition valait la peine qu'on s'y arrêtât.

— Et que fera-t-on du roi Henri III? demanda la duchesse.

— Un moine ou un mort, répondit Salcède.

Madame de Montpensier ne put retenir un tressaillement, tant l'expression haineuse avec laquelle Salcède avait prononcé ces terribles paroles était poignante.

— Vous haïssez le roi bien étrangement, monsieur, dit le duc.

— De toute mon âme, monseigneur. Le roi a fait assassiner mon père, couvert des immunités d'envoyé du roi d'Espagne.

— Et vous seriez disposé à être des nôtres? ajouta la duchesse.

— Corps et âme, madame.

— Au dernier moment, votre duc François ne nous abandonnera-t-il pas?

— Je réponds de lui, dit Salcède avec un sourire qui eût épouvanté ceux qui en eussent compris la signification funèbre.

— Et que demandez-vous en échange de votre dévouement, monsieur ?

— Ce que je demande, je ne le réclame que de moi-même : s'être vengé.

— Nous avons notre homme, dit en allemand la duchesse au duc de Guise.

— Si nous nous fions à vous, dit le duc de Guise, quel gage pourrons-nous prendre de votre fidélité ?

— Ma vie.

— Quels sont vos projets, messire ?

— L'alliance conclue entre le duc de Flandres et votre maison, je retournerai aux Pays-Bas et j'y porterai ce traité.

— Un traité ?

— Sans doute.

— Signé de notre main ?

— Assurément.

— Vous n'y songez point. Notre parole de gentilhomme et notre intérêt nous engagent suffisamment. Nous soutiendrons le prince dans la lutte qu'il entreprendrait contre le roi Henri III et nous l'asseoiront sur le trône de France, à une condition cependant...

— Laquelle ?

— C'est que la maison de Lorraine lui succédera de son aveu s'il venait à mourir sans enfants, encore que la chose soit improbable, à son âge.

Le même sourire pâle reparut sur le visage de Salcède.

— Mais, dit-il après un silence, si je ne porte au prince que des assurances qu'on peut toujours désavouer, serai-je cru de lui et voudra-t-il passer outre ?

— Il y a un moyen, dit tout à coup la duchesse. Puisque vous êtes porteur d'une proposition auprès de nous, l'alliance est faite et n'a point besoin d'autre ratification. Agissons. Aussi bien votre prince nous ferait attendre avec son indécision habituelle ou sa duplicité.

— Le prince m'aurait accrédité ensuite auprès de la reine-mère ou même du roi, et dès lors...

Il s'arrêta.

— Dès lors, reprit avec un sourire madame de Montpensier, la tâche devenait incomparablement plus facile. Vous ignorez donc qu'à la cour de cet Hérode tout le monde s'observe, on se défie les uns des autres? On aurait lu vos desseins dans vos yeux, et la recommandation même du duc d'Alençon vous eût rendu suspect. Nous avons mieux que cela à vous offrir, monsieur de Salcède.

— J'écoute, madame, et suis prêt à vous obéir.

— C'est dans trois jours la fête des pénitents blancs. Toute la cour revêt, plutôt par mascarade et comme une suite du carnaval, que par religion, le costume adopté par le roi. Ce costume consiste en un vêtement blanc qui enveloppe le corps de la tête aux pieds; à la hauteur des yeux sont pratiquées deux ouvertures qui permettent de se guider. Il est impossible de reconnaître le pénitent quel qu'il soit.

La cour doit se rendre, pour le revêtir, aux Grands-Augustins. De là le cortége se dirigera vers l'église Saint-Séverin. Le roi marchera en tête des pénitents, reconnaissable à une cordelière de soie noire qui lui ceindra les reins.

Il nous est facile de nous procurer une cagoule semblable à celle des pénitents blancs, que vous revêtirez. A l'église Saint-Séverin nous serons les maitres. Landry, curé de la paroisse, est à nous. Nous fermerons les portes du chœur dès que le roi sera entré. Là, nous le mettrons en demeure d'abdiquer et de se faire moine puisqu'il en a tellement envie, ou de périr. C'est chose grave de frapper les rois à la tête, aussi votre tâche commencera-t-elle à ce moment. Marchez à sa suite, s'il hésite, tenez-vous prêt; s'il refuse, frappez...

— Mais s'il accepte, ne fût-ce que pour gagner du temps?

— S'il accepte, dit la duchesse en montrant au gentilhomme une paire de mignons ciseaux d'or qui pendaient à sa ceinture, je tonsurerai moi-même en quelques secondes l'oint du Seigneur, et le cardinal de Lorraine lui méritera ce nom. Frère Henri remplacera Henri III. Nous ne demandons pour cela que son aveu arraché par la couardise et quelques secondes.

Je reviens à vous. S'il est nécessaire que vous frappiez, frappez sans pitié, sans remords. Dieu qui l'a renié vous en tiendra compte. Nous, nous vous ferons prince, et Philippe II vous comblera de richesses.

— Je serai vengé ce jour-là, dit Salcède d'un air sombre, et je n'aurai besoin ni d'argent ni d'honneurs.

— Fanatique, murmura le duc de Guise, fanatique et résolu, le diable nous l'a envoyé.

— Nous régnerons, dit la duchesse avec un enthousiasme mal contenu.

— Après le duc François.

— Avant lui, dit madame de Montpensier. Celui-ci n'était qu'odieux et méprisable, l'autre est tout cela et, pis encore, il est lâche. Il tremblera devant nous. Nous lui donnerons pour femme une princesse à nous. Moi, s'il le faut.

Le duc de Guise regarda sa sœur avec un sentiment non dissimulé d'admiration. Bien qu'il jouât le jeu pour lui-même, il ne lui déplaisait pas d'avoir des alliés aussi résolus.

—Ah ! murmura-t-il, Henri de Navarre n'est pas aussi près du trône qu'il paraît l'espérer !

— Monsieur, continua-t-il en s'adressant à Salcède qui restait debout, immobile, réfléchissant et attendant des ordres de ceux auxquels il se livrait ainsi, vous n'aurez pas d'autre logis que l'hôtel de Mayenne. Un pareil allié est un hôte trop précieux pour que nous le livrions au hasard de cette grande ville. On va vous faire préparer un appartement. Profitez de la nuit pour quitter votre gîte; il importe que l'on croie que vous êtes sorti de Paris. Présentez-vous ensuite vers dix heures, par la rue du Val-Sainte-Catherine. Des serviteurs discrets vous attendront. Jusqu'à l'événement, il faut que vous ne soyez ni suivi, ni connu.

— Vous êtes notre ami, monsieur, ajouta la duchesse en lui tendant une main qu'il baisa avec respect.

Le faux moine reprit alors son costume et son allure monastiques et rentra dans Paris, où il arriva bientôt à l'auberge du Petit-Saint-Antoine. Retiré dans sa chambre, il attendit que la nuit fût tout à fait tombée pour suivre les instructions qu'il avait reçues. Il paya sa dépense entre les mains de dame Roberge, qui lui souhaita mille bénédictions et lui en réclama tout autant, et se dirigea ostensiblement vers la porte Barbette, qu'il franchit.

Une fois hors des portes, il suivit le chemin bordé de cultures qui menait au village de Paincourt et rentra dans Paris par le faubourg du Temple et la porte du Temple.

Il allait, la tête baissée, enfoncé dans les profondeurs de son capuchon, égrenant son rosaire, lorsqu'à la hauteur du couvent de la Mercy, dans la rue du Temple, il se sentit tiré vivement par la robe.

Il se retourna et se trouva en présence d'un enfant de huit à dix ans, qui le supplia de venir confesser son aïeule qui, disait-il, venait de se trouver mal à l'entrée de sa maison, rue Sainte-Avoie, tout proche de la Mercy et réclamait les secours d'un prêtre.

— C'est le bon Dieu, dit à voix haute l'enfant, qui vous envoie par ici à cette heure, lorsque le couvent est fermé, mon révérend père.

Quelques passants s'étaient arrêtés, force fut au faux moine de suivre son jeune conducteur.

Celui-ci lui fit traverser plusieurs cours d'une vieille

maison et l'introduisit enfin dans une salle basse où il
n'y avait ni vieille femme moribonde, ni rien qui y
ressemblât.

Avant que Salcède eût eu le temps de s'étonner ou de
se plaindre, l'enfant avait disparu, enfermant le moine
à double tour, et l'on entendait son pas précipité se
perdre dans le lointain.

Salcède demeura un instant fort empêché. Il se demanda si ce piége lui était tendu par suite d'une
défiance soudaine des Lorrains ou par la police du roi
de France. En attendant, il serra sous son froc le manche d'un poignard et, se faisant d'une longue table,
meuble unique de cette salle basse, une sorte de barricade, il attendit, résolu à faire payer cher sa liberté ou
sa mort.

Au bout de quelques instants la porte se rouvrit, une
femme vêtue de noir et le visage couvert d'un masque
entra.

— Mon père, lui dit-elle, pardonnez-moi de vous
avoir trompé et surtout de vous avoir retenu ici peut-
être malgré vous. J'ai un secret à vous révéler et je
vous demande, sous le serment, de ne point dire pour
quelle personne vous êtes appelé ici.

Salcède ne pouvait reculer, il acquiesça à la demande
qui lui était faite.

— Je vous le jure, dit-il.

— Vous allez voir un grand coupable, mais aussi un
grand persécuté, lui dit-elle. Si vous le connaissez,
oubliez que vous savez son nom, sinon ne cherchez
point à le connaître. Cet homme va paraître devant

Dieu, chargé peut-être des crimes d'autrui : absolvez-le, mon père.

Elle prit la main du faux moine et le conduisit par un passage obscur jusqu'à une étroite chambre, où, sur un grabat entouré d'étranges et magnifiques choses, se mourait un homme d'une soixantaine d'années, arrivé au dernier degré de l'épuisement.

— Voilà le religieux, mon père, dit la jeune femme.

Le mourant jeta un regard profond sur Salcède.

— A-t-il promis le silence? demanda-t-il à voix basse avec un accent italien très-prononcé.

— Oui, mon père.

— Vous êtes franciscain? continua le mourant s'adressant au moine.

— Oui, mon frère, répondit celui-ci.

— Vous consentez à entendre ma confession, vous voyez que cela presse, car je ne pense pas revoir le prochain soleil. Au reste, depuis deux années que je suis muré dans cette tombe, ce jour-là qui sera le dernier marquera ma délivrance.

Il promena autour de lui ses yeux brillants de fièvre avec un sourire de spectre.

— N'est-ce pas, dit-il, que ce n'est pas un lieu de plaisance, lorsqu'on a tant d'années habité le palais des rois?

Un vague souvenir qu'il avait vu cet homme et entendu cette voix dans une circonstance difficile de sa vie passa à travers l'esprit de Salcède.

— Mon père, dit l'homme brusquement, ze crois que ze zouis damné et qu'il est inoutile que zé me confesse.

— La miséricorde divine est infinie. On ne se juge point ni sa cause, répondit Salcède, auquel peu à peu la mémoire revenait, sans qu'il pût retrouver le nom du personnage.

— Si, ze me zuze, et z'en ai le droit. Ze souis un rouisseau de scéleratesse. Mais si ze vais au feu éternel, celle qui m'a entraîné à ces crimes viendra me rezoindre. Diou le veuille. Elle a voulu me faire périr plous tard et ze me cache à sa pouissance.

— C'est donc une grande dame?

— La plous grande de l'ounivers, mon père.

Auzourd'hui, continua-t-il, à quoi bon cacer ma retraite, ze ne lui offrirais plous qu'oune cadavre. Et cependant ne dites point, mon père, où vous m'avez trouvé. Il n'est point doux de penser que mes os iraient cliqueter au zibet de Montfaucon, comme ceux de M. l'amiral il y a quatorze ans.

Et pourtant, Diou m'est témoin que ze n'ai fait qu'exécouter les ordres de cette femme, qui devrait aller à ma place dans la zéhenne où Sat an retourne les maudits.

Pardonnez-moi, mon père, ze souis l'horreur de l'houmanité, z'ai perdou plous d'âmes qui sont mortes en état de péché sans confesseur, que vous n'en pouvez sauver dans oune année.

Ce désespoir grotesque était vrai cependant. L'homme se tordait sur son lit de douleurs avec une expression qui ne laissait aucun doute sur le cri de sa conscience.

La jeune femme demeurait immobile et saisie d'une pitié profonde.

Le moine attendait.

— Quel est cet homme ? il a appartenu à cette cour maudite de Catherine de Médicis, dit tout à coup Salcède avec éclat.

— Oui, mon père, il est inutile, je le vois, de vous cacher davantage son nom. Cet homme est mon père, il se nomme Cosme, Cosme Ruggieri, le parfumeur de la reine-mère, qui, menacé de la vengeance de Catherine, et sachant entre elle et lui trop de secrets terribles, a fui et s'est réfugié ici, où depuis plusieurs années, ne sachant en Italie ou en France d'asile sûr où la reine ne pénètre, il a vécu ou plutôt végété. Nous sommes riches, mon père, et Cosme ne demande qu'à acheter, à quelque prix que ce soit, les indulgences célestes.

— Qu'il se repente d'abord, dit Salcède.

— Oh ! je me repens !! je me repens, mon père ! ne me laissez pas mourir sans absolution. J'ai étudié la magie et les astres, je me repens. J'ai empoisonné, je me repens ; ayez pitié de moi, mon père, je sens que je vais mourir.

— Science vaine, crimes horribles, dit le moine.

— Science vaine, dit le moribond, non, science diabolique peut-être. Cette science-là ne trompe point.

Un sourire de doute parut sur les lèvres du moine.

— Tu ne me crois point, jeune homme; prie Dieu de me pardonner cette dernière question à Satan, et je te persuaderai sur l'heure.

— Que voulez-vous dire? interrogea le jeune homme en se rapprochant du moribond avec une curiosité soudaine.

13.

Cosme semblait d'ailleurs transfiguré. Il s'était redressé, maigre, livide, semblable à la mort elle-même, sur son lit. Ses yeux, éclatant d'un feu sombre, paraissaient entrevoir les choses surnaturelles. Occupé toute sa vie des sciences occultes, auxquelles ce siècle eut une foi si profonde, il semblait ne pouvoir renoncer à leurs jouissances, à leurs révélations. Pareil à Galilée ne pouvant se décider à renier ses croyances, en présence de son salut éternel, qu'il croyait compromis par ce diabolique commerce, il ne voulait point admettre que ce fût là des mensonges.

— Donne-moi ta main, jeune homme, et écoute la dernière prédiction du vieux Cosme.

Salcède tendit sa main ouverte au mourant, qui jeta sur les lignes qui s'y croisaient un regard investigateur.

— Es-tu donc un moine ? lui demanda-t-il.

Salcède ne put s'empêcher de rougir.

— Non, dit-il, je ne te tromperai pas, je ne suis pas un moine, je me cache sous ces habits. Mais à quoi donc as-tu pu deviner ?

— Je ne devine point, je lis tes desseins. Tu veux la mort d'un roi ?

Salcède ne répondit pas.

— Tu périras, mon fils. Ta fin est proche, un trépas horrible t'attend.

— Réussirai-je, au moins ?

— Un prince périra peut-être. Au secours !! hurla-t-il tout à coup, je souffre !! j'ai l'enfer dans le corps. Au secours !!

Il se renversa sur le lit en proie à une crise épouvantable. Puis, peu à peu, les membres tordus par la douleur se détendirent, il tomba en arrière et demeura immobile.

La jeune femme s'était prosternée au pied du lit et priait.

— Grâce à Dieu, dit-elle en pleurant, la crise est passée.

— La vie a passé avec elle, dit gravement le jeune homme. Que Dieu lui fasse miséricorde.

Il jeta sur le mort, qui venait de lui faire une si étrange et si redoutable prédiction, instrument de crimes qu'il allait venger, le drap des morts, y posa le crucifix, sans que la fille de Cosme, abîmée dans sa douleur, songeât à l'aider dans ces soins funèbres; puis il sortit, retrouva l'enfant serviteur de ces mystérieux habitants de la rue Sainte-Avoie, et, guidé par lui, rentra dans la rue du Temple. Quelques minutes plus tard la porte de l'hôtel de Mayenne se refermait sur lui.

XX

LA PROCESSION DES PÉNITENTS BLANCS.

Le lundi suivant, par une pluie fine et froide qui perçait les vêtements et gelait les Parisiens sortis en foule de leurs logis pour venir assister à l'étrange cérémonie des pénitences du roi Henri III, la procession des Pénitents blancs sortit du vaste couvent des Augustins, s'engageant sur le quai; et tel était le nombre de gentilshommes et de compagnons qui voulurent suivre le souverain dans ce que la plupart nommaient de son vrai nom, cette mascarade, que la tête du cortége était déjà arrivée au Marché neuf, à la hauteur de la place Dauphine actuelle, lorsque la queue du cortége n'avait point encore quitté le couvent.

Il y avait bien là mille à douze cents psalmodiants, chantant ou plutôt nasillant des psaumes et y mêlant toutes les gravelures de cette licencieuse époque.

Retenue par la présence du clergé et surtout par celle du roi, lequel n'entendait pas raillerie sur ce sujet, la tête du cortége se comportait avec une gravité qui ne rendait d'ailleurs que plus grotesque, l'aspect de ces cagoules blanches, percées de trous. Mais à l'autre extrémité, une foule de dames de la cour et même de courtisanes, maîtresses des jeunes seigneurs, enhardies par la sécurité d'un semblable costume, l'avaient revêtu et suivaient les hommes, mêlant à cette chose sacrée un étrange profane.

Autour de cette cohue le peuple criait Noël, après le passage du roi, bien entendu, car autour de Sa Majesté les suisses et les archers du guet montaient bonne garde et eussent assurément fait un méchant parti à ceux qui se fussent permis de rire d'une si belle cérémonie.

En attendant, au milieu des joyeusetés de cette fête et des lazzis des bourgeois lorsqu'ils reconnaissaient, à la traversée du ruisseau, quelque pied de femme passant sous le froc de drap blanc, on marchait vers Notre-Dame, au portail duquel on devait s'arrêter un instant avant d'atteindre Saint-Séverin, but de la procession.

Le roi était reconnaissable à sa situation isolée en arrière du clergé, à la cordelière noire, laquelle, ainsi que l'avait dit madame de Montpensier, lui serrait la taille, en outre, à un rosaire en têtes de morts en ivoire admirablement travaillé, et dont la dimension était de la moitié de la grandeur naturelle.

Ce singulier chapelet produisait, lorsque les têtes s'entrechoquaient, un bruit assez semblable à celui du jeu favori du roi, le bilboquet. Derrière lui, d'Ô, d'Epernon et Villequier criaient plutôt qu'ils ne chantaient des psaumes de David.

Les épaules du roi étaient parsemées de larmes noires.

Derrière lui, les pénitents portaient à leur ceinture un fouet, dont ils faisaient de temps à autre mine de se fouetter.

Il est bien entendu que, plus que tout autre, le dos de Sa Majesté très-chrétienne, trop chrétienne, disait le peuple, en cette circonstance pour ce qui lui manquait en d'autres, demeurait inviolable.

Le jeu ne devenait sérieux qu'à la queue de la procession, où le fouet servait alors de défense contre la foule, et d'armes de combat entre les gens d'épée qui, couverts du sac réglementaire des *blancs-battus*, c'était le nom des pénitents blancs, cherchaient à prendre ce mauvais temps le plus gaiement possible.

Cette belle invention arrivait en droite ligne d'Avignon.

Henri III., saisi d'admiration au récit qui lui fut fait de cette cérémonie, avait obtenu du pape son introduction à Paris.

Sous le portail de Notre-Dame on ouït un prédicateur merveilleux, qui loua le roi, en beaux termes, de sa piété et humilité.

Du parvis Notre-Dame on se rendit à Saint-Séverin, où le clergé était réuni en grande pompe pour recevoir le monarque.

Un certain nombre de *blancs-battus* qui n'avaient point suivi la procession était arrivé dans le chœur avant elle ; autour du chevet de l'église, des groupes de catholiques connus par leur fanatisme, parmi lesquels on remarquait avec surprise des quarteniers, des dizainiers de la milice bourgeoise, revêtus du hoqueton militaire et la tête couverte de la salade d'acier, comme s'il se fût agi non d'une procession, mais d'une revue royale.

Ces groupes s'entretenaient avec une certaine énergie sans qu'on pût cependant percevoir leurs paroles. Mais le peuple, qui connaissait ses chefs, prononçait tout bas le nom de Ligue et trouvait avec raison que les chefs de cette célèbre association étaient exceptionnellement nombreux.

On se disait tout bas, non sans étonnement, que les Guise étaient eux-mêmes, eux si dédaigneux d'ordinaire de semblables momeries, dans le chœur de l'église, autour du curé, ligueur enragé; et on prévoyait de la part de ce prêtre quelque discours hardi et intempérant qui blesserait le souverain.

Cependant nul ne semblait soupçonner le complot dont nous avons vu la duchesse de Montpensier entretenir René de Salcède.

La procession s'engouffra dans l'église avec d'autant plus de précipitation que la pluie redoublait en cet instant.

Le roi entra dans le chœur avec une trentaine de personnes de sa suite, derrière lesquelles, silencieusement poussées par des bourgeois armés, ainsi que nous l'avons dit, les grilles solides se refermèrent.

Un pénitent de haute taille vint se placer à sa droite. Un autre, d'un embonpoint énorme qu'accusait encore le sac des *blancs-battus*, vint se placer à sa gauche, d'autres se mêlèrent aux seigneurs qui entouraient le roi, lesquels ne dissimulèrent point leur inquiétude.

Ceux qui étaient demeurés dehors s'aperçurent de

ces marques d'appréhension et commencèrent à se défier. Ils insistèrent pour entrer dans le chœur, mais les hommes armés qui gardaient les grilles feignirent de ne point entendre leurs réclamations, modérées d'ailleurs par le respect du lieu.

Plusieurs, alors, sortirent de l'église et cherchèrent, en se répandant au dehors, à trouver une issue qui leur permît d'entrer, fût-ce par les fenêtres, en cas de malheur. Parmi tous, le plus affairé était sans contredit Crillon, le capitaine des gardes, l'ami particulier et dévoué du roi. Crillon tempêtait, criait et commençait à ameuter le peuple autour de lui en criant que le roi était en danger.

Au fond, beaucoup de ceux qui l'entouraient le savaient mieux que lui, mais ne le disaient point et s'en réjouissaient. C'étaient les ligueurs.

Cependant il y avait toute une classe de gens qui n'étaient pas partisans des Guise et qui n'appartenaient ni au commerce, ni aux bourgeois de Paris. C'étaient les indigents, malandrins et autres gibiers de potence, exposés plus que tous les autres au parlement, au bourreau, tous gens du roi, cependant.

Mais ces hommes-là aimaient les Valois. C'étaient des princes magnifiques qui répandaient l'or et les fêtes à pleines mains. Les pauvres en ramassaient les miettes.

Aussi ne cherchaient-ils point à prendre parti contre lui, se contentant d'enlever aux archers, de temps à autre, quelque bonhomme qu'ils s'en allaient pendre, et criant, après cette niche faite au pouvoir : Noël! Noël! Vive notre seigneur le Roi!

Et puis l'idée de la royauté et son prestige était en-
racinée chez les pauvres aussi profondément qu'elle
l'était peu déjà, à cette époque où l'on publiait la *Satire
Ménippée*, dans la bourgeoisie. C'était un culte qu'on
gouaillait bien quelquefois dans la Cour des Miracles,
mais qu'on ne laissait attaquer par personne.

Il y avait beaucoup de pauvres et de petit peuple
autour de l'église qui regardaient entre les épaules des
hommes d'armes pour apercevoir la procession des
blancs-battus. Les clameurs de Crillon, homme épique
parmi eux, les émurent jusqu'aux entrailles.

En un clin d'œil la troupe fut bousculée, les soldats
séparés les uns des autres. On entoura le brave capitaine.

— Qu'y a-t-il? lui cria-t-on. Est-il vrai que le roi
coure quelque danger?

— Hélas! je n'en sais rien, mes amis; par la cordieu!
il y a dans cette église des gens qui viennent on ne sait
d'où, qui veulent on ne sait quoi. Et, de plus, on a enfermé Sa Majesté dans le chœur. Je n'aime pas cela,
moi! Si Sa Majesté m'eût appelé, j'aurais répondu
d'elle, mais je ne puis faire de tapage dans l'église pour
me rapprocher du roi. Et me voici très en peine, ni
plus ni moins qu'une poule qui a perdu ses pous-
sins.

— De quoi s'agit-il, monseigneur Crillon? dit un
grand corps dégingandé qui surgit tout à coup à côté
du capitaine.

— Tu me connais donc, toi qui parles, s'écria le vieux
soldat avec sa familiarité habituelle, en posant sur l'é-

paule du nouveau venu une main qui eût assommé un bœuf.

— On n'a pas le droit de ne vous point connaître, monseigneur.

— Je voudrais entrer dans le chœur de l'église par quelque issue secrète, et rejoindre Sa Majesté.

— C'est bien facile, cela, monseigneur.

— Hein! facile? Comment as-tu dit?

— Je dis que je vais vous y mener.

— Tu n'auras pas à t'en repentir. Comment te nomme-t-on?

— Philippe, monseigneur, Philippe à la corde.

— Bon nom pour la potence, répliqua le goguenard soldat; si quelque danger te menace d'y être accroché, réclame-toi de Crillon.

— Venez, monseigneur.

Le roi d'Argot entraîna le capitaine dans une maison de l'autre côté de la rue, le revêtit de nouveau du sac des blancs-battus que Crillon avait jeté à terre dans sa fureur, et, tirant d'une cachette un costume semblable :

— Là, fit-il, monseigneur, maintenant que nous voici semblables aux autres, descendons.

— Comment, aux autres?

— Vous allez voir, si vous me suivez.

Philippe à la corde introduisit le capitaine dans une salle basse où un certain nombre de blancs-battus se trouvaient réunis, ce qui ne laissa pas de surprendre grandement Crillon, lequel supposait les blancs-battus derrière le roi, pieusement et en rang.

— Quels sont ces gens-là? demanda-t-il à voix basse à son conducteur.

— Vous le voyez bien, des blancs-battus.

— Que font-ils là?

— Ils attendent pour entrer.

— Dans l'église?

— Dans le chœur de l'église.

— Ce sont donc de grands personnages?

— Nenni, ce sont seulement de résolus personnages.

— Quelle diable de résolution peuvent-ils avoir?

— Chut!... je n'en sais et n'en veux pas dire davantage. Vous demandez de rejoindre le roi. Je vous conduis à lui, je lui rends sa garde; ne m'en demandez pas plus.

Avec un aplomb qui donna certainement à croire aux ligueurs que ces deux hommes, dont l'un avait donné le mot de passe pour l'autre, étaient d'importants affidés, Philippe ouvrit une porte pratiquée dans la muraille, descendit, suivi de Crillon, un escalier tournant, traversa de nouveau la rue par ce passage souterrain et introduisit le capitaine dans le chœur de Saint-Séverin.

Un moine jacobin prêchait en ce moment le roi d'une voix nasillarde.

Les mêmes personnages étaient groupés autour du prince.

Crillon se retourna pour remercier celui qui l'avait amené.

Philippe à la corde avait disparu.

Le fidèle serviteur jeta un regard perspicace sur les acteurs déguisés de cette scène.

— Ah! fit-il, ce grand gaillard-là, qui penche la tête sur l'épaule, sent singulièrement son duc de Guise. Et ce gros moine, à qui donc espère-t-il faire croire qu'il n'est pas le duc de Mayenne?... Pauvre ruse!

Et jetant sa robe, il apparut soudain au milieu de l'assemblée, l'épée à la main, la tête nue, et cuirassé.

Il se plaça derrière le roi, qui ne put s'empêcher de murmurer :

— Trop de zèle, Crillon... mais qui continua ses patenôtres.

Peut-être Henri III, qui n'était pas moins subtil, au contraire, que ce vieux soldat, avait-il compris comme lui que ce qui se passait là n'était autre chose qu'une belle et bonne conspiration.

Crillon s'avança jusqu'à la grille du chœur.

— Ouvrez cette grille, dit-il aux hallebardiers de sa grande voix de commandement.

— Ouvrez cette grille, répéta-t-il formidablement, ou je la fais enfoncer par le peuple, ajouta-t-il à voix basse.

Les hallebardiers, subjugués, obéirent.

Un blanc-battu de petite taille passa près de l'énorme pénitent qui se carrait à la droite du roi.

— Que faut-il faire? demanda-t-elle.

— Rien, répondit celui-ci; affaire manquée.

— Jamais. Il nous reste l'homme.

Ce blanc-battu, qui n'était autre que la duchesse de Montpensier, se retourna et saisit la main d'un pénitent immobile derrière un pilier et qui contemplait le roi avec des yeux étincelants.

— Etes-vous prêt ? lui dit-elle.

— Je le suis.

— Allez donc, et du courage.

Sans hésiter, le moine, dans lequel nos lecteurs ont reconnu René de Salcède, fit le tour du chœur, de manière à se mettre sur le passage de Henri III lorsqu'il sortirait de l'église, et attendit.

Le roi, après s'être agenouillé devant l'autel, se remit lentement en marche en égrenant son énorme rosaire.

Si le visage de l'Espagnol n'eût été caché, à mesure que le roi s'avançait vers lui on l'eût vu pâlir, et, sans le regard qui demeura ferme, on eût cru qu'il renonçait à l'entreprise. Sa main serrait violemment son arme dissimulée dans la manche du sac des pénitents.

Henri III s'avançait lentement, il allait atteindre l'endroit fatal, lorsqu'un poignet de fer saisit le bras de Salcède, et une voix railleuse, où dominait le plus pur accent gascon, lui dit à voix basse :

— Pas un geste, compagnon, qui puisse vous trahir ! Nous avons donc quitté les Flandres pour conspirer un peu ?

Quel que fût l'empire du jeune homme sur lui-même, il trembla de tous ses membres. Il avait reconnu l'homme. Il sentait que c'en était fait de son entreprise, car le Gascon le tenait ferme, et le Gascon n'était autre que le roi de Navarre.

Il recula vivement, et le flot de pénitents qui l'entouraient le dépassa.

Le roi acheva de parcourir l'espace qui le séparait de la grille, toujours escorté de Crillon l'épée au poing.

L'occasion était manquée. Au-delà, Henri III rentrait dans le cercle de ses amis. Il était inutile d'aller l'y poursuivre.

Le roi de Navarre entraîna le conspirateur à quelques pas de là :

— Etes-vous fou ? lui dit-il. Un gentilhomme !!!

— Et lui, l'assassin, répliqua Salcède, ruisselant d'une sueur d'angoisse et les dents serrées, n'est-il point gentilhomme ?

— Laissons donc la noblesse, répliqua le roi avec une dignité superbe, puisque tout le monde la veut oublier. Au moins, songez à votre vie, songez à l'absurdité de votre tentative. Avant que ce poignard que vous tenez, que je devine, n'ait lui, vous seriez mis en pièces par ce peuple immense qui nous entoure. Un roi n'est point un homme, mon enfant, c'est un principe qu'on acclame ou qu'on nie, on ne le tue point. Ecoutez autour de ce prince, si détesté, les acclamations et vous verrez si je vous trompe.

En effet, le roi avait franchi la grille qui devait lui être fatale, il était rentré dans l'église. Je ne sais quelle prescience, quel sens divinatoire venait de faire comprendre aux assistants quel terrible danger le monarque venait de courir.

La joie ou la peur d'être soupçonné fit sur chacun, dans cette foule, un effet semblable. Un formidable cri de « Vive le roi !!! » ébranla les voûtes de la vieille église. Crillon le répéta trois fois, et chaque fois l'écho l'emporta plus puissant vers la ville, glaçant de terreur les conjurés.

Nul ne vit le visage du roi, on put croire qu'il n'avait rien su, ni rien vu. Mais Crillon, questionné le soir, répondit :

— Quand nous sortîmes de l'église, la main du roi a serré la mienne ; cette main était mouillée d'une sueur glacée. Peut-être, après tout, Sa Majesté était-elle souffrante. Il a fait ce jour-là si mauvais temps ! Sa Majesté est aussi nerveuse qu'une femme.

Salcède demeura près de son mystérieux interlocuteur jusqu'à ce que le dernier blanc-battu eût disparu. Henri l'emmena hors de l'église.

Comme on allait franchir le seuil, une ombre sortit de derrière un pilier, ombre grêle et incertaine à cause de la nuit qui commençait à tomber.

— Lâche ! murmura-t-elle. Lâche !! Lâche !!

Salcède serra convulsivement le manche du poignard qu'il n'avait point lâché et fit un mouvement pour s'en percer lui-même.

Le roi de Navarre l'arrêta.

— Si vous voulez mourir, dit-il, il y a des champs de bataille plus utiles à votre pays que cet absurde désespoir après une tentative plus absurde encore. J'étais prévenu, mon compère ; le prince d'Orange m'avait dit vos desseins, nous aurions arrêté votre bras. Tout autre que vous eût été livré au bourreau. Je sais vos griefs, je sais qu'ils sont légitimes et qu'un roi récolte ce qu'il a semé. Mais je ne veux pas, entendez vous, que mon frère Henri périsse par la main et pour le triomphe de ceux qui vous ont armé.

Maintenant, partez, vous trouverez un cheval au parvis Notre-Dame. Rappelez-vous que je vous sauve la vie comme j'ai sauvé l'honneur de votre fiancée; obéissez-moi, monsieur de Salcède.

Le roi de Navarre prononça ces paroles avec un accent de fierté et de grandeur indicibles.

Salcède, vaincu, s'inclina, baisa la main du prince et lui promit d'obéir.

Il obéit en effet, trouva le cheval qu'avait préparé le roi et s'éloigna de Paris. Il était temps, madame de Montpensier l'avait désigné à la vengeance de la Ligue et on le cherchait; nul doute qu'il ne fût pas, une heure plus tard, sorti vivant de Paris.

Cependant, la rancune de l'impitoyable femme ne se tint pas pour battue, on le verra tout à l'heure.

XXI

CE QUE VALAIT LA POUDRE DE CORNÉLIUS.

Cependant, Salcède parcourait encore une fois cette route qui lui rappelait à chaque instant de si poignants souvenirs. Il allait rejoindre Guillaume d'Orange, décidé à se faire tuer dans la première rencontre avec l'ennemi.

— Il est des tentatives qu'on ne renouvelle point, pensait-il, je suis vaincu. Il faut savoir mourir. Au moins le plus coupable est-il puni.

Il s'était engagé sur la route qui mène de Laon à Vervins, pour gagner Valenciennes. Mais à chaque instant il rencontra des partis qui l'arrêtèrent. C'étaient des compagnies échappées au désastre du camp de Dixmude qui rentraient en France isolément et qui traitaient un peu les provinces en pays conquis.

La grande tournure militaire de ce cavalier le faisait prendre pour quelque officier du roi, et les gens d'armes ne se faisaient point faute de l'arrêter pour festoyer avec eux ou pour connaître les nouvelles de la cour, qu'on jugeait mauvaises, d'après le courroux qui devait dominer le roi.

On enrôlait souvent de force les hommes de guerre. Salcède craignait que tout ce retard ne vînt à lui être fatal. Il ne s'illusionnait pas sur la vengeance que tireraient de lui ceux auxquels il s'était livré sans les servir. Il savait que les Guise ne reculeraient devant aucun moyen de se débarrasser d'un aussi dangereux complice.

Il connaissait la puissance et les ramifications de la Ligue, il ne doutait pas qu'on ne le cherchât avec une fiévreuse ardeur.

Aussi résolut-il, le troisième jour, de changer de route, car son signalement serait bientôt donné par les nombreux gens de guerre qu'il rencontrait à tout instant. Il prit donc à travers champs, trouva un sentier qui le mena au travers des villages jusqu'à huit ou dix lieues de là sur la droite.

Puis, quand il crut être bien en dehors des routes fréquentées, il pensa à demander l'hospitalité pour son cheval à demi fourbu et poussa vers une masse noire de bâtiments qui se montrait à quelque distance.

— Demain, pensa-t-il, je m'orienterai.

Cette masse noire était un vaste château qui semblait habité. Ce château, entouré de fossés profonds, n'avait d'accès que par un seul côté. Salcède y frappa résolûment.

— Il est à croire, pensa-t-il, que nul ne me connaît ici et que personne ne m'y soupçonne.

Un serviteur vint lui ouvrir au bout d'un instant.

— Etes-vous à monseigneur? demanda-t-il?

— Je ne suis qu'à moi-même, répondit Salcède. Il

est nuit, je me suis égaré et je demande l'hospitalité.

Qui donc habite ce château et à qui vais-je être pré-
senté?

— Personne n'habite ce domaine, monsieur, répondit
l'homme, mais j'ai l'ordre de donner l'hospitalité lorsqu'elle m'est demandée à quelque heure que ce soit.
Mais votre monture me semble étrangement fatiguée;
il faut que vous ayez fait une longue route par de bien
mauvais chemins. Aussi importe-t-il de lui donner au
plus tôt sa provende.

Salcède mit pied à terre, suivit le valet aux écuries
vides de cette curieuse demeure.

Lorsqu'il eut vu l'animal pourvu de litière jusqu'au
ventre et l'avoine noire débordant de la mangeoire, il
suivit son guide, qui lui servit, dans une chambre éclairée et confortable, un repas réconfortant.

Salcède remarqua la massive argenterie qui couvrait
la table, dont les bizarres armoiries lui étaient inconnues.

— Chez qui suis-je, enfin? s'écria le jeune homme;
à qui devrai-je cette royale hospitalité? Quel est ce
blason?

— Ce sont les armes des Médicis, répondit le valet.
Vous êtes dans la résidence de Château-Thierry, appar-
tenant à François d'Alençon, duc des Flandres.

Le valet s'éloigna et laissa le jeune homme livré à
ses réflexions.

Voilà donc où l'avait conduit sa bonne étoile: chez
l'homme dont il avait pris la vie; chez celui qui serait

le plus tôt informé de sa trahison et de l'insuccès du complot.

Salcède n'hésita point. Il résolut de donner trois heures de repos à sa monture épuisée, et de partir au milieu de la nuit. Lui-même, cédant à la fatigue, s'endormit dans un fauteuil.

Il en fut tout à coup réveillé par un grand bruit de trompettes, par les voix d'un grand nombre d'hommes, par de nombreuses lumières qui emplirent le morne château d'éclat et de tumulte.

Il s'élança dans les corridors et demanda aux serviteurs qu'il rencontra préparant les logis et courant çà et là tout affairés, ce qui se passait à cette heure.

— Le duc est arrivé, lui répondit-on.

— Le duc d'Alençon ?...

— Oui, il n'y a pas d'autre duc ici.

On y ajouta d'autres détails. Le duc se rendait à la cour. Depuis les événements d'Anvers, sa santé s'était sensiblement altérée. Une toux profonde l'usait. La fièvre ne le quittait plus. Une pâleur d'épuisement couvrait son visage. Jusqu'à Reims il avait fait route à cheval au milieu de ses gentilshommes, mais depuis Reims on avait remplacé le cheval par une litière qu'on transportait à petites journées. Le mal empirait.

On venait de coucher le prince épuisé, dans une des salles du rez-de-chaussée. Les médecins tenaient conseil et l'on était d'avis unanime que François ne pouvait désormais continuer son voyage.

On avait expédié au roi et à la reine-mère des courriers.

Le valet bavard auquel s'était adressé Salcède, raconta que l'état du prince avait singulièrement empiré, depuis la visite qu'un gentilhomme lorrain attaché aux princes de la maison de Guise avait faite au duc.

Ils étaient restés enfermés une bonne heure, durant laquelle le prince avait dû se mettre singulièrement en colère, à en juger par les éclats de voix entendus de l'antichambre et l'émotion de l'envoyé quand il était sorti de la chambre ducale.

— Si je le prends, avait dit le prince sur le seuil, assurez mes cousins que justice sera faite, justice royale et prompte.

— Je crois, pensa Salcède en quittant cet homme, et tout en descendant l'escalier de service conduisant aux écuries, que celui qu'on doit prendre et moi n'ont qu'une tête dans un même bonnet. En route donc.

Il sella lui-même son cheval et l'emmena par la bride jusqu'à la porte du château. Là il s'élança en selle et allait piquer des deux, lorsqu'un « Qui vive! » l'arrêta.

— Qui êtes-vous, lui dit-on? Pourquoi partez-vous à cette heure?

La sentinelle avait croisé la hallebarde.

En même temps ses compagnons accouraient.

Salcède comprit qu'il fallait parlementer. Enlever par-dessus ces hommes qui l'arrêtaient son cheval déjà las, lui faire subir une poursuite était impossible. On le reprendait, et comme on interroge avec plus de soin les hommes qui se sauvent que les autres, il perdait toute chance.

Il se donna comme un cavalier fatigué, revenant, lui

aussi, de l'armée des Flandres, qui avait sollicité l'hospitalité au château du prince.

— Pourquoi partez-vous à cette heure? lui demanda-t-on.

— Qu'importe l'heure? laissez-moi passer.

On lui expliqua que, dans son humeur morose, le prince, se défiant de tout le monde, avait défendu qu'on laissât pénétrer auprès de lui personne dont on ne connût la qualité, et que le château fût fermé dès que sa suite y aurait pris ses logements.

On lui proposa de voir le majordome et d'obtenir par lui un ordre de sortie. Cette scène occasionna sur le pont-levis une sorte de colloque animé, qui attira l'attention du prince.

Il se souleva sur son lit et demanda ce qui se passait

On alla aux renseignements et on lui rapporta le sujet du tapage.

François ne dormait plus et s'ennuyait. Il donna ordre de lui amener l'homme qui s'enfuyait ainsi.

Salcède se sentit perdu.

Il retrouva en ce péril suprême sa force de caractère, et ce fut d'un pas tranquille, avec une contenance sereine, qu'il parut devant le duc.

Celui-ci ne parut pas d'abord le reconnaître. Il le considéra quelque temps en silence. Puis, son œil brilla de cette lueur fauve particulière aux félins lorsque leur proie ne peut plus leur échapper.

Salcède se vit reconnu. Il comprit que le duc allait se jouer de sa capture.

— Il me semble, monsieur, interrogea le duc d'Alençon, que je vous ai déjà vu, en ma vie?

— Deux fois, monseigneur, répondit le gentilhomme recouvrant, dans le péril pressant, toute sa fierté. La première fois, ce fut la nuit de la Saint-Barthélemy. Vous vouliez abuser de ma fiancée, que la reine Catherine avait retenue comme otage. Je vous ai fait honte de votre conduite, monseigneur, tout jeune que j'étais alors. La seconde fois, je vous ai entrevu vous enfuyant dans l'ombre et mettant entre vous et moi je ne sais quelle porte secrète. Vous veniez d'assassiner cette même jeune fille qui ne voulait point vous céder. Je vous aurais tué ce jour-là, monseigneur, car le temps des remontrances était passé, et tout crime appelle son châtiment. Au surplus, qu'avons-nous à faire de rappeler aux princes, qui devraient être nos modèles, les lois de l'honneur? Une race de rois qui marche accompagnée du poignard et du poison se soucie bien de l'honneur! Mais Dieu la suit des yeux et prépare son châtiment.

L'heure de Dieu est venue! ajouta Salcède solennellement.

Le prince, renversé en arrière dans son fauteuil, maigre, hâve, défait, le laissait parler.

— Qu'entendez-vous par l'heure de Dieu, monsieur? demanda François. Est-ce l'heure où les princes qui tiennent de lui leur pouvoir se vengent des insolents? En ce cas, je crois que vous avez raison et que l'heure a sonné.

— Les princes tiennent de Dieu leur pouvoir, mais

les gentilshommes tiennent de lui leur noblesse et leur dignité. Quand les premiers touchent aux seconds cela leur porte malheur. La preuve, monseigneur, c'est qu'à vingt-cinq ans, vous voici sur le seuil de l'éternité, plus usé, plus malade assurément qu'un vieillard de quatre-vingts. Vous allez mourir, monseigneur!

— Ah! je guérirai, mon maître, je guérirai, par la mordieu!! Je veux guérir!! s'écria le prince en se levant tout droit et s'avançant vers Salcède, effrayant de faiblesse et de rage, livide dans sa robe de chambre de velours noir. Je veux guérir, pour te voir pendre! Entends-tu? Ah! tu conspires contre nous, contre le roi de France!!! Nous verrons ce que le bourreau pourra trouver de nouveau contre ce ver de terre qui lève le poignard contre mon frère Henri.

Ici une toux déchirante s'empara du prince qui re-tomba dans son fauteuil. Cette toux se termina par un vomissement de sang qui le laissa épuisé, sans force et sans voix. Mais, tandis qu'on s'empressait autour de lui, il faisait signe qu'on gardât soigneusement Salcède, et ses yeux, qui ne quittaient point le prisonnier, lançaient des éclairs de haine.

Lorsqu'il fut un peu revenu à lui, il ordonna de nou-veau qu'on le laissât seul avec Salcède.

— Monsieur, lui dit-il, je vous envoie à mon frère Henri, chaudement recommandé.

Il hésita un instant, puis, revenant comme obsédé par une idée fixe au commencement de l'entretien :

— Pourquoi donc avez-vous dit que j'allais mourir? Qui vous l'a dit. Quelqu'un songe-t-il à m'assassiner?

Répondez sans ambages ou je vous fais appliquer sur-le-champ la question. Je suis malade, assurément, mais je vais mieux aujourd'hui, je n'ai besoin que de repos. Mais répondez donc, pourquoi m'avez-vous dit que j'allais mourir à vingt-cinq ans ?

En parlant ainsi, la sueur, une sueur froide et visqueuse, perlait au front du prince.

— Vous souvient-il, lui dit lentement Salcède, de la tour des Corneilles où l'on vous transporta après l'inondation du camp de Dixmunde?

— Oui, certes.

— Eh bien, monseigneur, cette tour est fatale, dit la légende, aux princes qui s'y égarent. Votre Altesse ne s'arrêtera point à cette superstition, je pense ; mais nous autres Flamands, nous y croyons.

— C'est donc pour cela, traître, que tu m'y as fait conduire par tes affidés, que tu t'es emparé de la lettre pour la remettre au duc de Guise?

— Le pêcheur et moi, monseigneur, ne sont qu'un seul et même homme.

— Mais alors le breuvage était empoisonné ! Et je l'ai bu sans crainte. Voilà donc d'où viennent ces intolérables douleurs! Ah! je suis condamné ! Mais, misérable, si tu as trouvé ce poison qui tue lentement et peut-être à coup sûr, tu dois connaître le contre-poison?

Salcède demeurait immobile et ne répondait point.

Le duc semblait à l'agonie.

— Qui t'a fourni ce poison? assassin !! réponds, ou je te fais à l'instant arracher les entrailles !

— L'homme dont vous avez tué la fille.

— Un savant ? un myre ?

— Le plus illustre des Flandres, le docteur Cornélius Van Beeren.

— C'est vrai, c'est vrai, j'avais oublié. Qu'il vienne à l'instant.

Le prince étendit la main vers un timbre.

— Le docteur Cornélius est mort. Le contre-poison n'existe pas.

— Je te fais grâce, je te comble d'honneurs, toi qui m'as tué, si tu m'arraches à la mort. Par grâce, aie pitié de moi, tu vois que je suis jeune, presque roi, je serai roi. Tu seras riche, tu seras grand ; dis-moi le nom de ce poison ? Nos savants le connaissent peut-être. Ils le détruiront. Parle.

Le malheureux prince était presqu'à genoux devant le gentilhomme ; il pleurait.

— Je ne puis rien, monseigneur. C'est la vengeance de Dieu, répondit froidement Salcède.

— Tu ne peux rien, rien absolument ?

— Non, monseigneur.

— En ce cas, damné, ta mort servira d'exemple aux régicides futurs.

— Monseigneur, je dois vous dire que j'ai le droit d'être jugé.

— Tu auras des juges.

— Et que je parlerai.

— Que diras-tu ?

— Oubliez-vous donc les conventions que le moine franciscain devait remettre au duc de Guise : Complot contre le roi, au premier chef ?

— Par la mordieu! tu ne diras rien.

— Je parlerai.

— On ne te croira point.

— J'ai la lettre. La duchesse n'a entre les mains qu'une copie de votre sauf-conduit.

Le prince appela. Le capitaine des gardes vint.

— Faites mettre ce prisonnier aux fers dans les salles souterraines. Vous m'en répondez sur votre tête. C'est un conspirateur contre la vie des princes de la maison de Valois. Il m'a fait empoisonner. Je veux un tribunal sur-le-champ. Je veux des juges à huis clos, qu'on le condamne et qu'on lui inflige le dernier, le plus impitoyable supplice.

Cet ordre finit par une imprécation épouvantable et le prince s'évanouit. Au milieu du désordre que produisit cet événement, on emmena le prisonnier. On l'emprisonna après l'avoir soigneusement enchaîné.

Dès cet instant, le duc d'Alençon perdit connaissance. La maladie fit des progrès rapides. Le délire se déclara, et les médecins qui entouraient le malade le jugèrent perdu.

En conséquence, on dépêcha un courrier à la reine-mère, qui s'était mise en route à la nouvelle de l'arrivée du prince à Château-Thierry.

Le courrier ne fit que hâter l'arrivée de Catherine. A minuit la reine-mère entra au château, et Salcède entendit le fracas des équipages et vit, par le soupirail de son cachot, défiler son long cortége.

Catherine trouva le prince dans le plus triste état : le visage empourpré par la fièvre, l'esprit hanté de visions terribles. Elle s'assit auprès du lit de son fils, lui prit la main, mais le duc ne la reconnut pas.

Quelles furent les réflexions de cette femme, de cette mère après tout, bien que la politique eût éteint chez Catherine les sentiments les plus naturels? Nul ne peut le dire. Elle éloigna tous les assistants et demeura seule au chevet de son dernier né, le dernier de cette race des Valois, de cette famille de Henri II, dont les quatre fils semblaient devoir donner une suite non interrompue de princes. Repassa-t-elle, en son esprit si actif et si intelligent, les effroyables intrigues et l'immense effort de sa vie pour assurer leur avenir et leur donner à chacun des trônes? S'apitoya-t-elle sur le destin qui, sur quatre, en avait déjà brisé trois? Crut-elle, enfin, avec le monde entier, avec tout son siècle, que son œuvre avait été mauvaise, que la trahison, que la fourberie et le crime mènent au châtiment et que ce châtiment, elle y touchait? Nul ne peut le dire. Seulement, le matin, les femmes de sa suite, inquiètes de cette nuit solitaire au chevet de ce mourant, pénétrèrent dans la chambre et la retrouvèrent dans la même situation, le coude appuyé au bras du fauteuil et la tête dans sa main. Seulement, ce que peu de personnes purent voir, c'est que ce bras de fauteuil était mouillé d'une étrange rosée. Cette rosée, c'était les larmes de Catherine, les larmes si rares de cette femme de sang.

La nature avait vaincu le caractère et Catherine avait pleuré.

Elle avait douté pour la première fois de son œuvre, et le fantôme de la Saint-Barthélemy, les rivières rou-

gies et charriant les cadavres, la France couverte de
ruines et les populations réduites à la misère par les
guerres de religion, lui étaient apparus. Quel progrès
avait-elle conquis, quoi d'assuré?

Les Guise ébranlaient le trône par leur popularité,
leurs victoires, leurs ambitions. Henri III épuisait un
reste de vie maladive et ennuyée à de monstrueuses
débauches inconnues du Bas-Empire.

Point d'armée, point de finances, l'ennemi intérieur
pire et plus défiant que l'ennemi séculaire, l'Espagnol;
le trône de Henri II n'ayant à l'étranger ni prestige, ni
éclat; point de postérité d'aucun de ses enfants, et la
religion, la religion détestée, tant combattue par toutes
les armes, près d'être victorieuse, et pis que cela, prête
à porter au trône de France son principal chef, le roi
de Navarre.

Elle se leva, non plus pâle, sa figure d'une blancheur
de cire avait, comme ses traits eux-mêmes, une impassibilité de tons qui défiait toutes les émotions, mais plus
affaissée qu'on ne la vit jamais. Elle semblait porter,
outre le poids du monde, celui de la mort, celui de la
fatalité.

Le duc d'Alençon dormait d'un sommeil lourd et
agité. Elle baisa le prince au front et rentra dans ses
appartements.

A peine y fut-elle que le prévôt demanda à l'entretenir.

Il raconta le dernier entretien qu'il avait eu avec
François au sujet de Salcède, les rapports arrivés de
Paris par exprès et venant du duc de Guise, et parla de

complot. Il n'en fallait pas tant pour Catherine, qui ordonna de transporter le jeune homme à Paris et écrivit à son fils d'instruire à la hâte le procès.

« Les Guise s'en sont mêlés, mon fils, écrivait-elle, il importe de ne point perdre une minute. Peut-être est-ce une occasion unique de compromettre à jamais ces constants ennemis de votre trône et de votre personne. C'est, assurément, une bonne fortune de la destinée de posséder entre vos mains ce gentilhomme conspirateur, qui joint à la qualité d'Espagnol celle de Flamand et d'allié, semble-t-il, par une parenté lointaine à la famille de Lorraine. Si l'on se conduit prudemment, nous les tenons.

« Je ne sais le rôle que ces dangereux personnages sont parvenus à faire jouer à votre pauvre frère, dont la tête était certainement affaiblie par la maladie autant que sa position par nos échecs dans les Flandres. Mais, assurément, il y a là matière à réflexion. Nous saurons par le susdit gentilhomme, qui a nom Salcède, assure-t-on, et dont nous avons eu le père à notre cour lors des noces huguenotes, ce qu'on a tramé. Faites justice, mon fils, ne craignez pas de frapper si la haute trahison est prouvée. Il n'est tête si haute qui soit à l'abri de la hache dans votre royaume.

« Mais, n'ébruitez rien. Que ce personnage soit tenu au plus grand secret dans votre grand Châtelet, que la commission chargée de l'interroger soit choisie parmi les conseillers les plus fidèles du Parlement. Faites appliquer la question avec la dernière rigueur.

« Au reste, j'arriverai à Paris dans quelques jours et nous aviserons ensemble à cette grave affaire.

« J'ai donné ordre qu'on la tienne rigoureusement secrète. Nul ne sait le nom du prisonnier qu'on vous envoie. Gardez, mon fils, qu'on ne sache son arrivée. On favoriserait aussitôt son évasion et tout serait perdu.

« Je ne vous parle pas de votre frère, mon fils. Hélas ! je n'en attends plus que la fin. Il y a dans ces coups du sort, qui frappent notre royale famille, plus que de la fatalité. Cette maladie, que nul de tous nos myres ne connaît, ce flux de sang qui envahit perpétuellement la poitrine et le cerveau et si violemment que le *povero* vomit le sang par la bouche, le nez et les oreilles, est si extraordinaire que je ne sais que penser. Malheureusement je n'ai plus autour de moi mes gens habiles, Cosme par exemple ou mon parfumeur italien. Ces barbares de Français ne savent rien. Je crains bientôt quelque grand deuil. Henri, la couronne de France choirait-elle de la tête des Valois ? Avisez, mon cher enfant, et gardez que votre vieille mère n'ait cette cruelle douleur.

« CATHÉRINE. »

XXII

LA BONNE FORTUNE DE VILLEQUIER.

On transporta donc le prisonnier au grand Châtelet, qui se trouvait sur l'emplacement même des théâtres actuels, et qui demeurait plus à proximité du Louvre que le petit, dont on voit encore les tours antiques encastrées dans le nouveau Palais-de-Justice.

L'ordre de la reine-mère avait suffi pour en faire ouvrir les portes. Puis, le prévôt alla rendre compte au roi et lui remettre, avec la lettre de la reine, le rapport sommaire sur l'affaire et sur l'homme.

Henri III était en ce moment au jeu de la reine Elisabeth. Il serait plus vrai de dire que la reine était aux siens, car, lorsque le roi et ses mignons pommadés, gaudronnés, repus, flamboyants de belle humeur et surtout d'une audace que ne venait jamais modérer la longanimité royale, entraient quelque part, on cessait à l'instant, en ce logis, d'être le maître chez soi. La fantaisie régnait en souveraine et quelquefois elle dépassait le rêve lui-même en extravagances.

Le roi, vêtu, comme le montrent les portraits du temps, d'un justaucorps de velours marron à crevés et bouillonnés descendant très-bas, portait au cou l'ordre du Saint-Esprit qu'il venait de fonder et dont le ruban tranchait sur ses sombres vêtements. Il portait cette toque à aigrette, qui est inséparable dans l'histoire de sa physionomie, comme la casquette de Louis XI et la perruque de Louis XIV. Cette longue figure morne et ennuyée, cette attitude mélancolique, ne décourageaient en rien les rires et les chansons de ses amis, qui s'en donnaient à cœur joie.

Les uns jouaient au jeu alors très-en faveur : le bil-boquet;

Les autres au passe-dix.

D'autres, les plus audacieux, ceux-là, dansaient un nouveau menuet italien avec les dames de la reine. Encore fallait-il observer le roi, qui n'aimait point les dames et ne pouvait souffrir qu'en sa présence on les courtisât.

D'O expliquait à Quélus un nouveau coup que venait de lui montrer le roi lui-même, et, craignant sans doute de n'être pas absolument compris, il avait sans façon, à quelques pas de la reine, douce et inoffensive princesse qui mériterait bien le titre de sainte, dégaîné son épée et démontrait comme un professeur en salle d'armes.

Schomberg et Villequier s'entretenaient d'un double scandale, la retraite de madame d'Athies dans un couvent par suite de l'entrée en religion du comte Ange de Joyeuse, frère de l'amiral de Joyeuse; et aussi de la mort de madame de Sauves, empoisonnée par son mari, devenu jaloux sur la fin de sa vie.

Le roi, lui, songeait soucieusement et, s'étant fait apporter des pâtisseries et des gimblettes, les distribuait aux petits chiens qu'il portait au cou dans leur corbeille, suivant son habitude. Les petites bêtes mordillaient les gants de Sa Majesté.

— Bellement ! disait le roi, lorsque les petites dents aiguës s'enfonçaient parfois dans ses belles mains de femme. Bellement ! les petits, les tout petits.

Ce soir-là, les idées du roi étaient assez singulières pour qu'il prît la peine d'y réfléchir.

De temps à autre, son regard énigmatique se promenait sur le groupe de ses amis et s'arrêtait avec complaisance sur la belle tête blonde du dernier entré dans la faveur royale, le charmant Villequier.

Villequier riait aux éclats.

— Est-il heureux, ce Villequier, grommela le roi entre ses dents, de rire ainsi de ce plaisant rire, à gorge éployée.

— Villequier, dit à demi-voix Schomberg l'Allemand, tu ris quand le roi est triste, il t'arrivera malheur ; ici, vois-tu, il faut savoir mettre une sourdine à sa gaieté, un masque à sa bonne humeur. Regarde-moi, je pouffe, j'éclate, je crève de rire et pourtant......

Et pourtant, le grand Schomberg demeurait plus semblable à un carême qu'au carnaval, impassible et ne remuant de sa longue figure que les lèvres.

Ce qui fit que Villequier rit de plus belle, malgré le regard aigu du roi.

— Villequier, fit le monarque de sa voix traînante, viens ici, mon enfant, j'ai à te parler.

— Te voilà pris, murmura Schomberg, tu diras le

rosaire du roi jusqu'au petit jour. Et si ce n'est que le rosaire !!!!

Villequier, l'oreille basse et l'air boudeur, s'approcha du prince. Le jeune homme savait déjà qu'il fallait aller au-devant de la mauvaise humeur royale et parler plus haut qu'elle.

— Que me veut Votre Majesté? demanda-t-il. Votre Majesté a les plus charmants chiens du monde et nous défend d'y toucher. Dès lors il ne nous reste plus que nous-mêmes; j'ai abandonné au moment le plus inté- ressant l'aimable histoire de Schomberg pour venir au devant du roi. Plaise à Dieu que je n'aie point perdu au change.

— Tu n'es guère gracieux, mon fils, répondit Henri III, cherchant à apaiser son ami, d'autant mieux qu'il le voyait plus hérissé. Il a donc encore des histoires, Schomberg, je croyais que Quélus les avait toutes racontées ?

— Votre Majesté s'ennuie depuis longtemps et connaît toutes les histoires, mais je n'ai pas encore l'âge du roi et je les ignore. M. de Brantôme en conte surtout de très-jolies.

— Voyons, Villequier, tâche d'être sérieux, mon en- fant, dit le roi en passant un bras caressant autour du cou du blond courtisan. D'abord, j'ai à te parler sérieu- sement.

— Pas ce soir, sire, je vous en prie, j'aime mieux Schomberg décidément.

— Taisez-vous, étourdi, dit le roi, essayant de re- prendre un peu de sa gravité compromise, et écoutez ici ce que je vous veux dire; cela ne doit être entendu que de vous et de moi.

Pendant ce temps la reine, occupée à quelque ouvrage de tapisserie, travaillait entourée de ses femmes, écoutant d'un air distrait les saillies des mignons, et les laissait s'ébattre à leur gré, sans souci de l'étiquette, puisque c'était la volonté du roi. Cette reine était vraiment une charmante et mélancolique personne, dont les beaux cheveux noirs et les grands yeux languissants eussent séduit et retenu tout autre personnage que son royal époux.

Donc, le roi, qui regardait ce soir-là la reine avec une persistance extraordinaire, mit le bras autour du cou de Villequier et lui dit tout bas quelques paroles, que lui seul entendit.

— Villequier de mon cœur, tu as trop d'atouts, murmura le jaloux Quélus qui pâlit.

— Mais, lui dit Maugiron, en passant près de lui, qu'a donc Villequier? il va se trouver mal, croirait-on!

En effet, le jeune homme s'était vivement écarté de Sa Majesté, et, regardant le roi avec des yeux effarés, semblait se demander s'il rêvait ou si c'était bien le roi qui venait de lui dire apparemment quelque énormité.

— Eh bien, dit le roi souriant, qu'y a-t-il d'extraordinaire à ce que je te dis là?

— Comment, sire, vous trouvez cela tout simple? s'écria Villequier plus abasourdi que jamais. Eh bien, e ne suis pas de l'avis du roi. Comment, vous me proposez...

— Chut!! Et écoute. Je crains bien que Ma Majesté

ne soit condamnée à mourir sans héritiers, si je ne m'en mêle un peu.

— Eh, sire !! que Votre Majesté s'en mêle tout à fait, c'est moins... scabreux.

— Oui, continua le roi suivant sa pensée. Voici mon frère qui s'en va mourir de maladie, Dieu sait laquelle. Il est temps que j'avise, si je ne veux que la couronne ne tombe sur la tête de mon frère Henri de Navarre.

Ainsi, tu m'as bien compris, Villequier, ce soir je t'emmène, nous deviserons ensemble jusqu'à deux heures du matin, et lorsqu'à cette heure il sera bien certain qu'aucune âme n'est éveillée dans mon palais du Louvre, je te donne cette petite clef d'argent que voici.

— Ah que nenni, sire, jamais ! jamais !!

— C'est de la rébellion, mon fils, fit Herni en lui pinçant vigoureusement l'oreille. Je t'embastillerai.

— J'aime mieux être embastillé. C'est trop grave cela, sire, vous pourriez vous repentir.

— Je ne me repentirai pas, Villequier, si tout réussit à souhait et si dans un an la reine nous donne un poupon de sang royal. D'ailleurs, tu es de bonne maison, mon fils. Ferais-tu le dégoûté, par hasard, et crois-tu que le lit de la reine est une chose que j'offre banalement à tous tes compères ?

— Oh ! sire, sire !! fit le jeune homme terrifié, Votre Majesté ne comprend pas mon trouble, mon inquiétude, la terreur de lui déplaire, mais ce qu'elle m'offre est impossible, le lit de la reine ! Lèse-Majesté, sire, je serais assassiné par vos gardes !

— Mais puisque je t'accompagnerai jusqu'à la porte, que je t'autorise, enfant que tu es.

— Mais, sire, madame Elisabeth est une grande reine qui me chassera justement comme un laquais, et elle aura raison.

— Te chasser!! Au fait, je n'avais pas pensé à cela. Je le lui demanderai, Villequier.

Heureusement pour Villequier, que cette étrange conversation mettait au supplice et qui tremblait qu'un mot n'en arrivât aux oreilles des mignons inquiets et attentifs, ce mot suffisant pour le perdre, on ouvrit les portes de la grande salle et on annonça :

— Un courrier de la reine-mère pour Sa Majesté !

— Ah! dit Henri III, en bâillant d'une façon démesurée et du même ton que s'il se fût agi du temps qu'il faisait, nous allons donc avoir des nouvelles de mon frère François. J'en étais fort inquiet.

En même temps il prenait sur son plat de vermeil la lettre de Catherine et la décachetait nonchalamment.

Villequier voulut profiter de ce mouvement pour s'esquiver, mais le roi avait des yeux excellents, paraît-il, car il rattrapa au vol la manche de son favori et même le bras qu'il pinça vigoureusement.

— Çà, dit-il, mon fils, va faire ta cour à la reine et porte-lui des confitures de mon drageoir.

Il lui tendit la boîte d'or ciselé et continua sa lecture. Mais au bout de quelques lignes il devint soudain pâle.

— Un complot!! murmura-t-il. Ah! messieurs de Guise!! C'est là que nous en sommes!! Eh bien, vous verrez à qui vous avez affaire, mes bons cousins. Un complot contre ma vie, contre ma couronne !!! Mordieu, suis-je donc si vieux et de dents si rognées que l'on puisse déjà ne plus craindre ma griffe et se partager l'héritage des Valois ? Vrai Dieu !! c'est aller trop vite en besogne ! Vous l'apprendrez à vos dépens. Crillon avait raison l'autre jour, à la procession des blancs-battus !

C'est à moi qu'on en voulait, et sans sa présence d'esprit, sans sa résolution, je passerais vraiment aujourd'hui quelque méchant quart d'heure. Ah ! madame de Montpensier, vous vous en mêlez ! Ah ! mon cousin de Mayenne, votre ventre ne vous empêche pas de courir les aventures !! Et je tiens votre instrument, votre poignard sans doute.

Celui-ci nous en dira long, et gardez-vous bien, si j'apprends qu'il y a eu crime de haute trahison, machinations contre mon trône et ma vie, car, ce jour-là, vos têtes tomberont comme celle du dernier des truands.

Les courtisans, habitués au visage de leur maître, comprirent, à l'expression de ses traits contractés, qu'il était en proie à une violente colère.

L'occasion était vraiment trop belle pour ne pas exploiter ce courroux dont ils soupçonnaient la cause.

Ils se rapprochèrent donc en tumulte du prince. Mais avant que le roi eût eu le temps de leur apprendre le sujet de son humeur, la porte s'ouvrit à deux battants, un gentilhomme de haute taille et de superbe tournure, vêtu de satin blanc et portant au cou l'ordre du Saint-Esprit nouvellement créé, entra dans la salle au milieu des murmures des courtisans stupéfaits.

L'huissier annonçait : « Monseigneur le duc de Guise!! »

Un flot de gentilshommes, plus nombreux dix fois que les mignons, fit irruption derrière lui.

— J'ai l'honneur de présenter mes humbles respects à Votre Majesté, dit le duc en saluant profondément.

Henri, debout et froissant entre ses mains la lettre de Catherine, attendait le sourcil froncé. Il y eut un instant de silence durant lequel on eût entendu battre les cœurs de tous ces hommes qui n'attendaient peut-être qu'un signal de leurs maîtres pour en venir aux mains.

— Je ne vous attendais point, mon cousin, dit enfin Henri très-pâle, avec une lenteur étudiée, je vous croyais à l'armée que je vous ai confiée.

— J'en suis revenu, sire, et viens me mettre auprès du trône que j'ai cru menacé.

— Menacé, mon cousin, et qui donc oserait nous menacer? Celui-là, fût-il aussi puissant... que vous, le premier du royaume après moi, paierait cher son audace, vous le pouvez croire, car je vous en donne ma parole royale.

— Cependant, sire, dit le duc de Guise, plus froid, plus maître de lui à mesure qu'il sentait le courroux du roi monter, il s'est trouvé des gens payés par le prince d'Orange, assez hardis pour menacer la vie du roi de France. Dès que je l'ai su, je suis accouru, pour protester tout d'abord de mon dévouement à la cause de Votre Majesté et pour me mettre entre elle et ses assassins.

— Vraiment, mon cousin, vous avez poussé jusque-là votre sollicitude ? En ce cas, il me tarde de savoir comment vous avez pu être si bien instruit, puisque je ne sais que d'aujourd'hui les trames qui se nouent contre mon pouvoir et ma vie. Votre police est bien instruite, mon cousin, et mieux faite que la mienne.

Le roi montra au duc la lettre qu'il tenait encore à la main.

— Il me semble, continua le roi, que vous auriez quelque intérêt à ce que je disparusse de ce monde, et certaine histoire des ciseaux de madame de Montpensier, destinés à tonsurer le roi de France, est parvenue jusqu'à moi.

— Sire, on nous calomnie, reprit le duc de Guise en élevant la voix au milieu d'un murmure approbateur de sa nombreuse suite, qui eut le don d'augmenter encore l'exaspération du monarque. Nous sommes les serviteurs fidèles de Votre Majesté. Avant nous il y a le duc François, il y a les enfants qui ne peuvent manquer de naître de l'alliance du roi. J'en apporte une preuve à ses pieds.

— Une preuve, mon cousin ? dit le roi d'une voix moqueuse ; parlez, je suis curieux de la connaître.

— Sire, monsieur de Salcède, prisonnier de Votre Majesté, est venu il y a trois jours nous proposer d'assassiner Votre Majesté et de profiter de l'absence du duc de Flandres, son frère, pour nous emparer du pouvoir.

J'ai chassé cet homme, et je suis venu à franc étrier vous prévenir de ce forfait.

— Il eût été, dit le roi, toujours sur le même ton, beaucoup plus facile d'arrêter ce criminel.

— Cet homme s'était fié à ma parole ; nous ne sommes point félons en Lorraine, sire.

— J'ignore, mon cousin, ce que vous êtes, dit le roi avec une sévérité extraordinaire qui amena le rouge de la colère sur les joues du duc, mais qui me prouve que d'autres personnes de votre famille n'ont pas trempé dans le complot ? Qui me dit que l'on a partout refusé l'appui qu'on vous demandait ? Il y a bien des gens intéressés à votre cause.

— Je les renie, sire, s'écria avec force le duc de Guise, s'ils ne craignent pas de recourir à de tels moyens. Je réponds de toute ma famille.

— De toute votre famille ? Ne craignez-vous pas, mon cousin, de vous avancer un peu trop ?

— Je ne crains rien, sire.

— Cependant, madame de Montpensier et M. de Mayenne ?...

— Ma sœur et mon frère sont les plus fidèles sujets de Votre Majesté.

— Nous verrons ; vous savez que je tiens entre mes mains le fauteur de ces complots, et qu'à l'heure actuelle il est au Grand-Châtelet ?

— Non, sire, mais cela ne m'a point empêché de faire mon devoir.

Le roi, qui s'était assis pendant ce court dialogue, se leva.

— Mon cousin, lui dit-il, s'il en est ainsi, nous vous verrons à l'œuvre. Conservez toujours ce zèle extraordinaire pour le bien de ma cause, communiquez-le surtout aux bourgeois de ma bonne ville de Paris qui croient en vous plus qu'en moi-même. Nous allons faire interroger par messieurs du Parlement ce misérable, qui a osé croire que vous seconderiez ses projets.

Il ne saurait manquer de nous dire, surtout en passant par la question, combien mes cousins de Lorraine ont été loyaux en cette circonstance, et le pays sera rassuré par notre bonne entente.

Le duc de Guise comprit que son audience était terminée et se retira.

— Insolent !!! murmura le roi lorsqu'il eut quitté la salle.

— D'Epernon, ajouta-t-il, tu m'accompagnes.

Et le prince sortit de chez la reine, laissant les courtisans continuer leurs jeux habituels, Elisabeth sa tapisserie, Crillon ses jurements.

Il descendit par un escalier dérobé, enveloppé d'un manteau d'une couleur sombre et escorté de d'Epernon, qui prenait des airs de capitan derrière le roi, Villequier, très-entouré, très-interrogé, ne répondait rien. Qu'eût-il, en vérité, répondu qu'on eût pu croire ? Cela semble tellement en dehors de toute vraisemblance, qu'il faut les graves preuves qu'offre la sévère histoire de ce roi poussant l'amitié scandaleuse pour un homme au point de lui offrir sa propre femme dans le lit royal.

Le duc de Guise, blême de rage, était remonté à cheval et avait regagné au galop l'hôtel de Mayenne.

— Eh bien, demanda la duchesse, le rapport est-il vrai? L'homme est-il réellement arrêté? Qu'a dit le roi?

— Le roi nous soupçonne. On va questionner l'Espagnol, il parlera, nous sommes sinon perdus, nous ne pouvons l'être tant que j'aurai ceci au côté (le duc frappa sur son épée), du moins étrangement compromis.

La duchesse, malgré son courage et sa résolution, devint très-pâle.

— Il faut que cet homme meure avant l'interrogatoire, dit-elle, quoi qu'il nous en coûte. S'il racontait, pour racheter sa vie, l'affaire de Saint-Séverin, le roi lui accorderait tout ce qu'il réclamerait de lui. Songez donc à ce que ce Salcède a pu voir.

— Oui, vous avez raison, ma sœur. Mais en ce cas il faut se hâter. Il faut gagner quelque geôlier qui simule une évasion. On le tuera à la sortie.

— Jamais! il faut qu'il périsse sans bruit, sans blessure. On le trouvera mort dans son cachot. J'en fais mon affaire. Le roi ne s'occupera guère de son prisonnier avant quelques jours.

— Allez donc, ma sœur, et que notre bonne étoile vous favorise.

XXIII

LA QUESTION.

On avait amené Salcède au Grand-Châtelet. Le jeune homme était résigné. C'était là une partie perdue dont sa vie avait été l'enjeu. Il s'apprêtait à payer sa dette avec le courage et l'énergie qui ne lui avaient jamais fait défaut. Il savait quel sort l'attendait. Il était prêt à avouer sa tentative et à mourir bravement, en bon gentilhomme.

Il reposait donc tranquillement dans un cachot grillé faisant partie d'une des tours du château royal, lorsqu'on vint tirer les verrous, et deux conseillers du Parlement entrèrent. Ils procédèrent à l'interrogatoire du prisonnier avec un soin minutieux.

Salcède répondit qu'il avait prémédité de tuer le roi Henri III. Que c'était là un vœu fait sur la tombe de son père, assassiné le jour de la Saint-Barthélemy, qu'il n'avait point de complices, n'obéissait à personne qu'à lui-même, et qu'on eût à le condamner et à l'exécuter au plus vite.

On lui demanda s'il avait des complices, si de hauts

personnages n'avaient point prêté la main à sa tentative.

— Non, répondit-il, personne, je suis arrivé seul à Paris.

On ne put rien lui arracher de plus.

Salcède observa que l'un des deux personnages qui étaient restés dans l'ombre et avaient assisté à tout cet interrogatoire, manifesta des marques d'impatience extraordinaires. Les magistrats se tournaient fréquemment vers le coin occupé par cet inconnu comme pour y chercher des instructions ou des encouragements.

Pendant que cet interrogatoire s'accomplissait dans la prison, le bourreau avait reçu l'ordre d'avoir à préparer la salle de torture et de tendre un rideau dans le fond, de manière à ménager une seconde pièce invisible dans la salle même. Comme il accomplissait cette besogne, une femme du peuple vint frapper à l'une des fenêtres donnant sur la cour intérieure. Le tourmenteur s'approcha, et, la prenant sans doute pour une femme de condamné, comme il en pénétrait souvent dans la prison, lui intima l'ordre de s'éloigner. Mais la femme dessina sur sa poitrine un signe particulier, auquel le bourreau répondit avec un geste de vive surprise.

Il sortit aussitôt.

— Que voulez-vous de moi, madame? demanda-t-il. Est-ce la sainte Ligue qui a besoin de mon triste métier? Parlez, je suis prêt à obéir.

— Je veux assister à la torture qui sera tout à l'heure appliquée à votre prisonnier.

— Mais c'est impossible, cela, madame, ce sont deux

membres du Parlement qui instruisent le procès, et si ce n'était que cela encore…

— Il y a donc autre chose encore ?

— Il y a que quelque grand personnage assistera derrière un rideau à la question qui va se donner. Peut-être est-ce le roi lui-même.

— Raison de plus. Cinq cents écus d'or si tu me prends pour aide durant cette séance.

Le bourreau la regarda stupéfait. Quelque haute idée qu'il pût avoir du courage des femmes, il ne pouvait supposer que celle-ci, chétive et boiteuse, pourrait, malgré la flamme de son regard, supporter ce spectacle terrible et les cris du patient, sans s'évanouir.

Que serait-ce, s'il fallait en venir à l'aider en ces difficiles fonctions ?

— Cinq cents écus d'or, dit-il, c'est bien tentant, je n'en ai jamais tant gagné en ma vie. Mais ce que vous demandez est impossible. Vous seriez reconnue, madame ; dites-moi seulement ce qu'il y a à faire, je le ferai.

— Ne crains rien, je serai brave et forte.

— C'est impossible, vous dis-je.

La jeune femme fit un geste d'impatience.

— Mille écus d'or, dit-elle.

— Venez, dit brusquement le bourreau.

Il introduisit la femme dans la salle de torture, la revêtit des habits d'un aide qui était mort quelques jours auparavant, la rendit méconnaissable.

— Si quelqu'un vous retrouve sous cet accoutrement, dit-il avec satisfaction, il sera bien fin.

En ce moment, on amena Salcède.

Celui-ci ne s'était point attendu, après son formel aveu, à subir la torture de la question. Il craignit de faiblir et jeta, malgré son empire sur lui-même, un regard empreint d'angoisse autour de lui.

Le bourreau, sur l'ordre du conseiller masqué, qui avait dirigé l'interrogatoire, s'approcha de lui.

— Déchaussez-vous, lui dit-il.

Salcède fit voir ses mains liées.

— Mon aide vous rendra ce service.

Le jeune homme tendit ses jambes à l'aide du bourreau qui lui fit un geste expressif. Salcède faillit laisser échapper un cri de surprise.

— La duchesse de Montpensier, murmura-t-il !

— Chut ! fit-elle !

Et, à voix imperceptible pour tout autre que pour le patient :

— Silence, dit-elle, à ce prix nous vous sauverons.

Salcède, pour toute réponse, secoua la tête avec mélancolie.

— Vous tairez-vous ? insista la duchesse. La vie est à ce prix.

— Ne craignez rien, murmura Salcède, je réponds de moi.

— Oui, pensa madame de Montpensier, mais moi je n'en réponds pas autant que toi, et je prendrai mes précautions.

Tous les historiens ont décrit cet épouvantable instrument de torture qui s'appelait le brodequin. Cela consistait à lier les genoux des torturés entre deux planches solides et à serrer ensuite au moyen de coins de fer jusqu'à ce que les os rendissent un craquement sinistre.

L'interrogateur, après avoir donné ordre de lier les planches, recommença les questions.

—Je vous ai déjà répondu, monsieur, que je n'avais pas de complices, dit Salcède, dont le front pâli se mouillait d'une sueur glacée ; je n'ai rien de plus à dire.

— C'est ce que nous allons voir.

Le conseiller se retourna vers le rideau du fond qui s'agita imperceptiblement.

— Allez, dit-il.

Le bourreau enfonça le premier coin. A sa grande surprise Salcède ne ressentit aucune douleur aiguë. Sa figure exprima plus l'étonnement que l'angoisse, car la duchesse lui dit à voix basse :

—Criez donc !!! ne voyez-vous pas que les cordes ne sont pas serrées.

Salcède poussa un cri aigu. Quel que fût son héroïsme habituel, cette souffrance épouvantable lui faisait peur. Il remercia du fond de l'âme ses protecteurs si puissants.

On allait enfoncer le second coin, puisque le patient continuait à refuser de répondre, lorsque l'on entendit derrière le rideau un autre cri. C'était le peureux et faible d'Epernon, qui n'avait pu supporter ce spectacle et venait de s'évanouir à côté du roi, lequel, comme on l'a sans doute reconnu, avait voulu assister lui-même à cet interrogatoire.

— Femmelette!!! grommela le roi. Mais il donna ordre de ramener le prisonnier dans son cachot.

— A quoi sert d'ailleurs? dit-il, il ne parlera point. Finissez-en, qu'on le juge ce soir, et que demain justice soit faite.

Les gardes entrèrent et emmenèrent le prisonnier. Celui-ci échangea avec sa mystérieuse libératrice un regard plein de promesses. Au fond, il ne se faisait pas illusion, il savait son arrêt d'avance. Mais il avait évité la torture, qui vient si souvent à bout des plus robustes et des plus résolus parmi les coupables. Il crut pouvoir remercier Dieu.

XXIV

LA PLACE DE GRÈVE.

Le jugement fut, en effet, rendu dans la nuit. Le coupable avouait, quel besoin d'autres preuves?

Dès huit heures du matin, le bruit s'était répandu dans la ville qu'on avait voulu attenter à la vie du roi, et que le coupable, un beau gentilhomme, allait expier son crime sur la place de Grève. Le curieux n'était pas le crime, bien des gens de la Ligue s'étonnaient que Henri III, nouvel Hérode, pût vivre si longtemps, mais le supplice.

En effet, Salcède avait été condamné par le parlement de Paris, toutes chambres réunies, à être écartelé.

Déjà, les valets du bourreau commençaient à planter vis à vis de l'Hôtel de ville les quatre poteaux qui devaient supporter la plate-forme sur laquelle le coupable entendrait la lecture de son arrêt de mort.

On répandait dans toute la ville le bruit que le roi et la cour assisteraient des fenêtres du palais municipal au supplice de l'Espagnol, et, de fait, on disposait dans la grande fenêtre du milieu des draperies et des fauteuils, comme s'il se fût agi d'assister à une fête.

C'était bien toujours cette même race féroce des derniers Valois; c'était bien là le frère de Charles IX, visitant les charniers de Montfaucon et s'écriant que « le corps d'un ennemi mort sent toujours bon. »

Aussi, de toutes parts accourait-on, pour voir le patient d'abord, le roi et la cour ensuite, et puis les Guise, dont on disait tout bas (le peuple possède un instinct singulier pour deviner les vérités qu'on lui cache) qu'ils étaient les alliés et même un peu les parents du condamné.

Les gens de la Ligue avaient, de leur côté, tenu conseil le matin même, et agité la question de savoir si on s'opposerait par la force ou par une émeute simulée à l'exécution. Mais un exprès du duc de Guise arriva et déclara que l'on accuserait à coup sûr le *roi de Paris*, et que, les affaires de la Ligue n'étant point assez prêtes, il fallait laisser agir; que, d'ailleurs, le roi ferait grâce. On suppliait les bourgeois de ne pas compromettre la maison de Lorraine.

Bref, on recula. Mais on pensa que ces mêmes Lorrains feraient enlever Salcède. On ajoutait, pour raison, que le condamné n'avait pas voulu avouer la complicité des princes, mais qu'au dernier moment il parlerait.

La curiosité du peuple et de la cour était donc extrêmement surexcitée et, dès neuf heures, les abords de la place de Grève étaient noirs de monde. On aper-

cevait des curieux jusque sur les tours et les chéneaux
de Notre-Dame.

Le roi arriva en carrosse à neuf heures et demie, accompagné de la reine et des mignons. Il commença de manger des dragées et des confitures et à caresser ses chiens, tandis qu'une charrette amenait le condamné au milieu de l'immense rumeur de la foule.

En même temps on conduisait, en écrasant ou bousculant force bourgeois, quatre magnifiques chevaux du Perche qui hennissaient et bondissaient sous leurs housses rouges et leurs colliers de grelots. On avait réservé un espace vide autour de l'estrade de deux cents pieds carrés entourés d'une corde. Cela était suffisant.

On lut, suivant l'usage, au patient, pâle, mais tranquille, son arrêt de mort. Quand c'était fini, l'exécution commençait aussitôt. Aussi, lorsque le greffier s'approcha de Salcède, qui tenait une croix entre ses mains enchaînées, et lui posa la question d'usage :

— N'avez-vous rien à avouer avant de paraître devant Dieu?

Il y eut un moment de profond silence. Le roi continuait à manger ses cédrats et ses pâtes, il regardait.

Salcède, lui aussi, regardait le roi; il sentait bien que son silence était une vengeance cruelle, car Henri III eût tout donné pour trouver les Guise coupables. Il secoua la tête.

— Je n'ai rien à dire de plus, affirma-t-il d'une voix haute qui fut entendue de toute la place et du roi lui-même.

16.

Henri III pâlit, cette fermeté le déconcertait étrangement. Il fit un geste. Le bourreau, qui apprêtait les cordes et appelait à lui les chevaux, s'arrêta.

Un messager partit de l'Hôtel de ville et traversa la foule, qui crut que le roi faisait grâce et cria : Noël! car la ferme contenance du jeune homme l'avait enthousiasmée.

— Dites au coupable que, s'il avoue tout, tout, entendez-vous bien, le roi lui pardonne.

Salcède put voir, malgré la distance et malgré l'impassibilité de visage de cet astucieux politique, l'immense espoir qui tenait alors en suspens l'âme du monarque. Il sourit.

— Je n'ai rien à dire, répéta-t-il. J'ai dit la vérité.

Deux aides se jetèrent aussitôt sur lui et le terrassèrent.

Le roi s'était rassis avec un sombre découragement et une colère contenue et furieuse. Il mettait ses manchettes en lambeaux. Au moment où le patient, lié aux quatre membres et solidement attaché aux traits des chevaux, allait périr, Henri III se leva encore une fois.

— Cet insensé ne parlera donc pas ! dit-il avec agitation.

Il leva la main pour arrêter le supplice.

Mais cette même femme du peuple qui était apparue à la fenêtre de la salle des tortures, et que le bourreau apercevait au premier rang de la foule, lui fit un signal. Celui-ci avait, par un mouvement rapide, jeté autour du cou du condamné une mince cordelette de soie. Profitant du tumulte des chevaux et des cris de la

foule, il serra vivement le nœud coulant et, feignant
de n'avoir point aperçu le geste de Henri III, enveloppa
les chevaux impatients d'un vigoureux coup de fouet.

Les os craquèrent, les chairs, distendues, bleuirent,
les assistants poussèrent un cri terrible. Mais Salcède,
étranglé avant le supplice, était déjà mort lorsque les
chevaux donnèrent cette première secousse.

— Il ne parlera pas, dit, avec son sourire sinistre-
ment énergique, madame de Montpensier à un personnage qui se trouvait derrière elle, dissimulé dans la
foule.

Henri III criait d'arrêter, et jurait par la mordieu
qu'il ferait tout à l'heure pendre le bourreau.

Crillon se pencha vers lui :

— C'est une partie manquée, sire, nous avons gagné
la première. Que Votre Majesté se calme.

— Tu as raison, je gagnerai la belle, mon vieux
Crillon, dit le roi en se rasseyant pour caresser ses
petits chiens anglais. Puis il murmura :

— Ah! messieurs de Guise! puisqu'il s'agit de poignards, vous croyez donc que les nôtres ne tuent
pas?

FIN

TABLE DES CHAPITRES

FIN DE LA TABLE.

2059. — Paris, Imp. Ch. Noblet, rue Soufflot, 18.

www.ingramcontent.com/pod-product-compliance
Ingram Content Group UK Ltd.
Pitfield, Milton Keynes, MK11 3LW, UK
UKHW022326090726
13658UKWH00001B/112